まえがき

　新型コロナウイルス感染症（COVID-19）の感染拡大によって，フィールドワーカーは，大きな問いを突きつけられることになった。それは，「フィールドとはいったい何か」「フィールドワーカーとは誰のことをいうのか」「フィールドワークとはいかなる行為なのか」「フィールドワークによって私たちはいかなる経験を得ようとしているのか」「フィールドワークで何が認識されようとしているのか」などといった問いである。そこで本書では，フィールドワークそのものが，現在，突きつけられている問いを探究したいと考えた。

　寺山修司が1967年に『書を捨てよ，町へ出よう』（芳賀書店）という書を刊行した四半世紀後，佐藤郁哉はそのタイトルを意識しながら，社会学の領域から「書を持って街へ出よう」を副題とする『フィールドワーク』（新曜社）という書物を1992年に出版した。同書は，フィールドワークを行う研究者たちに大きなインパクトを与え，当時大学院生であった私も無我夢中で読みふけったことをおぼえている。

　そこからさらに約四半世紀のときを経過して，私たちは新型コロナウイルス感染症が感染拡大する状況に直面するに至った。そうした時代にあって，「書を持って街へ出よう」というフィールドワークのあり方をあらためてラディカルに問い直していく必要があるのではないか。佐藤の著書『フィールドワーク』の副題が「書を持って街へ出よう」だとするならば，私たちは，新型コロナウイルス感染症の時代だからこそあり得る「"されどわれらが日々"のフィールドワーク」を模索しようではないか。

　「されどわれらが日々のフィールドワーク」とは，1964年に出版された柴田翔の小説のタイトル『されどわれらが日々』（文藝春秋）をふまえて用いた言葉である。大学紛争がまきおこる時代のなかで

青春をむかえた若者たちは，寺山修司が1967年に刊行した『書を捨てよ，町へ出よう』という書のタイトルに共鳴しつつも，同時に，その時代に対して愛憎をまじえ柴田と同様に「されどわれらが日々」と言っていたのである。

では，「"されどわれらが日々"のフィールドワーク」は，一体いかなるものなのか。本書は，「フィールドワークの現代思想」が縦横無尽に論じられ，「"されどわれらが日々"のフィールドワーク」の内実と形式を明らかにしようとしている。

まず1章「風に吹かれて──中動態としてのフィールドワークによる「新しい実在論」」（遠藤英樹）においては，フィールドワークとはいったい，いかなる行為なのかが再考される。筆者は，これまでは当然のように，フィールドワーカーが能動的に見たり聞いたり体感したりする行為によって，地域を捉えることができるとしてきたフィールドワークという行為が中動的な行為に他ならないと主張する。そのうえでフィールドワークによって開示されるフィールドの実在（reality）がいかなる特徴を有するものであるのかについて，マルクス・ガブリエル「新しい実在論」に関する議論を補助線として考察を展開している。

2章「0は少なすぎるが1つは多すぎる──フィールドワーカーの個的輪郭をめぐる人類学的省察」（石野隆美）では，フィールドワーカーという主体が，他に対して自らを開くことによってはじまる関係性の帰結であると述べられる。そして，「自己」と「他者」が暫定的なかたちで析出されつつ結びつけられていく過程こそフィールドワークに他ならないと主張される。それゆえフィールドワークにとって不可欠なのは，他者と「ともに居る」という共在感覚を他者とともに形づくる共同作業なのだとされる。

3章「わからなさ，つながり，事件の発生──フィリピンの呪術と観光のフィールドワークから」（東賢太朗）は，フィールドワークにあっては，「わからなさ」「つながり」「事件」が重要であると

いう。フィールドワークの中で想定を越えるような「わからなさ」に出会い，それに向かい合い，ときに他者と「つながり」を偶然もつことがある。そして，偶発的に生じる様々な「事件」をきっかけに何かを理解し，また新たな問いを立てていく。このようにフィールドワークが偶発性に左右され，その中でしか成立しえないものであると結論づけられる。

次に4章「野生のフィールドワーク——実験室の外側で」（市野澤潤平）は，フィールドにおいて調査とは直接関係ない行動こそが，結果として調査の進展に大きく寄与する場合があることに注目する。調査目的を達成するためには，「待つ」という受動性，「しない」という無為性に加えて，無駄で逸脱的な行為もまた，フィールドワークに重要であるというのである。計画しないこと，ただ待つこと，問わないこと，人脈を作らないこと，遊ぶこと——そういった飼い馴らされない，いわば「野生のフィールドワーク」の重要性が，ここでは主張される。

5章「存在論的世界とフィールドワーカーの実存——徒歩旅行者に「生成」すること」（橋本和也）は，人類学者ティム・インゴルドの議論をひきながら，フィールドワークが「歩きながら知を形成する」作業であるという。出発点も目的地ももたずに，他者の動きとリズミカルに呼応し，その他者と旅を共有したり他者の道を横切ったりすることで，自分の道が形成されていくプロセスにおいて知が形成されるのだと主張する。歩くという動きは知に従属しているのではなく，歩くという動きそのものが知なのだと述べられる。

6章「非在のフィールド，不在のフィールド——パンデミック下の日常から考える」（寺岡伸悟）は，新型コロナウイルス感染症の下で，フィールドの「非在」と「不在」に強く思いを馳せるようになったという。そのうえで哲学者・西田幾多郎の議論を補助線として，そもそも「存在」＝「有る」とは何かを改めて考えつつ，「場を剥がす」ことについて考察を展開する。そして調査者自身も含めた，場や人，モノの存在の意味やその可能態に届く「未在」のフィー

ルドワークを行う必要性について示唆する。

　7章「あわいから問うフィールド——COVID-19を契機とした
フィールドワーク再考」（神田孝治）は，人類学者ジェームズ・ク
リフォードがフィールドワークのあり方を描き出すうえで，関連す
る様々な事象・概念とのあわいの関係性を問うていることに注目す
る。そして境界線が固定されておらず曖昧となっている「あわい」
の様相に目を向け，フィールドワークにおいては，身体的な移動に
基づく調査と，そうした移動を伴わない調査を混ぜ合わせつつ，可
能な限り広く深く情報を集めること，そしてそこから得られた様々
な情報の「あわいからフィールドを問う」ことが求められているの
だと主張する。

　8章「ジオグラファー×フォトグラファーの「語り」——マレー
シアにおけるフィールドワーク経験と写真撮影」（藤巻正己）では，
マレーシアにおける筆者自身のフィールド経験を回顧しつつ，調査
地（フィールド）では，観察やインタビュー調査など身体を使った
様々な仕事（ワーク）が求められるが，そこで体感し獲得した〈身
体知〉を内実化するべく，フィールドのコンテクストをふまえて
行われてきた写真撮影が重要であったと指摘し，筆者がフィール
ドワーカーとして，ジオグラファーでもあり，同時にフォトグラ
ファーでもあり続けてきたことの意味について議論を行っている。

　9章「観光とフィールドワークは現象へと開かれているのか——
観光者とフィールドワーカーのパフォーマンスの同型性について」
（須藤廣）は，現代の観光が，観光客の参与を促しつつ，視覚のみ
ではなく五感を使った経験の過程，すなわちパフォーマンスを重視
するものになっているという。フィールドワークもまた，対象を客
観的，傍観者的に観察するのではなく，また対象の行為者が共有す
る主観を研究者の解釈枠組みに無理矢理押し込むのではなく，対象
の行為者の主観に分け入って，それを共有しつつ解釈を試みる実践
を重視するものと理解される。その観点から肯定性と否定性を併せ
て，観光とフィールドワークの同型性を論じている。

10章「フィールドワーク的観光の可能性——親密性をめぐる一試論」(山本理佳)では，新型コロナウイルス感染症の時代において求められる観光のあり方に寄与するものとして，「フィールドワーク的観光」を主張し検討している。本章でとくに強く主張されるのはゲスト側(ツーリスト)の変革である。その変革に寄与しうるものとして大学における観光教育を位置づけ，「観光学」や「観光現象に関わる人文・社会科学」で重視され，方法や理念が様々に蓄積されてきたフィールドワークに着目していく。

11章「トラベル・ライティングが生み出す魔力——コンタクト・ゾーンとしてのE・レインのエスノグラフィー」(安田慎)は，フィールドワークが単に一次資料の収集や，現地社会に対する深い洞察や理解を行うためにあるのではないという。筆者はフィールドワークが，私たちの社会生活における豊かな「コンタクト・ゾーン」を創出するための社会的実践なのだと強調する。その意味でトラベル・ライティングはコンタクト・ゾーンとして，時代を超え，地域を超え，他の社会と私たちの関与や繋がりを生み出し続けているのではないかと主張する。

12章「観光研究のフィールド——「現実」と「仮想」の間に生成する空間／場所」(堀野正人)は，新型コロナウイルス感染症の拡大による人の移動，接触の制限が，人びとのつながり方にも大きな変化を及ぼしていると述べ，そうした変化が観光やそのフィールドをも変容させているのだという。とくに観光の現実空間と仮想空間は相互に深く浸透しあうようになっている。観光研究のフィールドワーカーは，その調査の内容・視点・範囲を，みずからの主体的な意志によって決めているというよりも，フィールドの文脈に巻き込まれながら形づくっているのだとすれば，観光のフィールドワークは新たな文脈のもとで問い直されるべきなのだと示唆している。

13章「オンライン調査によるフィールドワークの可能性——オンラインツアー，オンライン交流会，Zoomを活用したライフヒストリーの事例から」(渡部瑞希)では，新型コロナウイルス感染症

の感染拡大状況のもとで需要を集めるオンライン交流会やオンライン
ツアーの事例研究を通じて，フィールドワークの意義を再定位し，
オンライン・フィールドワークの限界と可能性を明らかにしている。
その際，オンラインのフィールドワークが必然的に「高度に精緻化
された表領域」を成していると同時に，他方で Zoom や SNS による
オンラインが「プライベートな裏領域」をつくることもあること
が明らかにされる。

14章「モノを参照するモノのイメージ──メディアが紡ぐ観光
空間のインターテクスチュアリティ」（松本健太郎）においても，
観光のフィールドワークが大きく変容していることが議論される。
筆者は，テーマパークのアトラクションや YouTube のコンテンツ
のなかに出現するモノは，イメージ＝「記号」として，それによって
指示される外部の「解釈項」に対応していることに注目する。こ
のようにメディアや，それを支えるデジタルテクノロジーが多層的
＝重層的に関与することにより，現実／虚構，リアル／バーチャル，
オンライン／オフライン等をめぐる既存の境界を越えて「モノ＝イ
メージ」が過剰に氾濫し，旅や観光における「体験の文脈」に干渉
するような，インターテクスチュアルな観光空間が現出しつつある
のだとすれば，そのフィールドワークのあり方も再考を要するべき
であると示唆されている。

以上の論稿は，すべて「フィールドワークの現代思想」に相応し
い力作揃いである。これらは一見，バラバラに多種多様なテーマが
論じられているようにみえるかもしれない。だがお読み頂けるなら，
実は，相互に深く問題意識を共有し，緊密に連関し合う，いわばイ
ンターテクスチュアルな空間を創りだしていることにすぐお気づき
頂けるだろう。

とはいえ，編者としては，それが何かについて事前に明示し，統
一的なフレームワークのもとで読者の解釈を方向づけてしまうこと
を怖れた。もちろん，編集の仕方として，緩やかな流れのようなも

のはある。

　それは，フィールドワーク経験において考察すべき「能動性／受動性／中動性」「偶発性への着目」「フィールドワーカーの自己変容」「フィールドワーカー（フォトグラファー）とツーリストの相互陥入性」「オンライン・フィールドワークにおける「表領域／裏領域」」「観光というフィールドの変容」などといった流れである。こうした緩やかな流れはあるものの，解釈の多様性を読者に開かれたままとしておくことを第一義に考えた。

　解釈の多様性は，本書がつねに基調としている主張の一つだからだ。ぜひ読者の方々は解釈の多様性のもとで本書をお読み下さり，（誤読も含めて）自由な読み・批判・応答を積極的に行って下さるよう願っている。

　そうすることではじめて，「"されどわれらが日々"のフィールドワーク」は，"われら"それぞれのもとで新たに立ち上がってくるだろう。もちろん"されどわれらが日々"といっても，"われら"に統一性などなく，バラバラであってもかまわない。しかし，そうであるからこそ，統一性などないが「共に在る」ことのできるような，"われら"と呼べる何かを構築していくことが重要なのだと考える（もちろん，この"われら"のなかには，学術書出版がきびしいなかでも快く本書の刊行を引き受けてくださったナカニシヤ出版の皆さん，とくに編集者の米谷龍幸氏も含まれている）。

　──多様な人，動物，モノ，メディア，イメージ，道，樹々，風，そして読者であるあなたたちと「共に在る」フィールドワークを目指して，本書を届けたい。

2022 年 2 月

遠藤 英樹

【引用・参考文献】

佐藤郁哉（1992）．『フィールドワーク──書を持って街へ出よう』新曜社

目　次

Chapter 01

風に吹かれて
中動態としてのフィールドワークによる「新しい実在論」

遠藤 英樹

█ 1 はじめに

　フィールドワークとはいったい，いかなる行為なのか。社会学，人類学，地理学，民俗学など，多様な学問領域において，このことが問われてきた。とくにフィールドへ出ることが困難となっている，新型コロナウイルス感染症（COVID-19）が感染拡大する現状において，この問いは人文・社会科学においてクリティカルなものとなっているのではないか。

　そこで本章では，これまで当然のように考えられていたフィールドワーク観を再審に付すこととしたい。これまでは当然のようにフィールドワークは，フィールドワーカーが能動的に行う行為だとされていた。フィールドワーカーが能動的に見たり聞いたり体感したりする行為によって，地域を捉えることができるとされてきたのである。

　しかしながら，本当にそうだろうか。フィールドワークという行為は能動的な行為といえるものなのだろうか。もちろん，こういうからといって，受動的な行為であると主張したいのではない。そうではなく，フィールドワークという行為は，中動的な行為に他ならないのではないかと主張したいのである。

　ところで中動態とは何か。この言葉は，能動態，受動態と比べてあまり知られていない概念である。以下ではまず，「風に吹かれて（Blowin' in the Wind）」という楽曲の歌詞を手がかりに中動態の概念について説明を加えていく。

2　中動態とは何か：風に吹かれて

　1941年5月24日，一人のユダヤ系アメリカ人が，この世に生を
うけた。出生のときの名前はロバート・アレン・ジマーマン。の
ちにボブ・ディランという名前で知られるミュージシャンとなる。
1962年にレコードデビューした彼は，「時代は変る」「ミスター・
タンブリン・マン」「ライク・ア・ローリング・ストーン」など，
多数の楽曲を発表し，人びとに大きな影響を与え続けてきた。その
楽曲のひとつに「風に吹かれて」がある。本章では，この楽曲の歌
詞から議論を始めていくことにしたい。

　ただし本章ではボブ・ディラン研究や，彼の楽曲に関する考察を
展開したいわけではない。ここで注目したいのは，「風に吹かれて」
における歌詞の一節の表現に限られている。それは「友よ。その答
は風に吹かれている／その答は風に吹かれているんだ」という部分
である。原文の歌詞は，「The answer, my friend, is blowin' in the
wind. ／ The answer is blowin' in the wind.」だ[1]。原文に忠実に
訳すのだとすれば，この部分は，能動表現なので以下のようになる
はずであろう。「友よ。その答は風の中で舞い散っている／その答
は風の中で舞い散っているんだ」。

　しかしながら，訳として優れているのは，こうした能動表現の訳
ではなく，明らかに「友よ。その答は風に吹かれている／その答は
風に吹かれているんだ」という受動表現の訳だと思われる。「その
答は風の中で舞い散っている」という能動表現による訳文だと，最
初から独立に存在していた「答」が，風の中に舞い散っているかの
ようである。だが，ボブ・ディランが言いたかったのは，そうでは

---

1)　ボブ・ディラン「Blowin' in the Wind」を「風に吹かれて」と訳したの
　は，片桐ユズルである。ただし片桐は，タイトルのみを「風に吹かれて」
　と訳し，歌詞の方は「そのこたえは，友だちよ，風に舞っている」と能
　動表現で訳している〈https://www.nhk.or.jp/bunken/research/kotoba/
　pdf/20170601_2.pdf（最終閲覧日：2019年9月18日）〉。

ないだろう。「その答」が風とともにやってきて，風とともに一瞬で通り過ぎ，見えなくなってしまう。風に吹かれるなかでほのかに垣間見えつつも，風とともに，すぐ次の瞬間には喪われゆく「その答」の儚さや切なさを，彼は歌にしたように思われるのである。

　したがって，この部分は，能動表現でありながら，実は，受動的な内容を含みこんでいる歌詞となっているのである。否。その言い方は，まだ正確ではない。正確を期していうならば，それは，中動態的な表現というべきものではないか。哲学者の國分功一郎は，「中動態から考える利他──責任と帰責性」というエッセイで，能動態–受動態–中動態の違いについて以下のように説明している（國分 2021：152–153）。

　　　中動態というと能動と受動のあいだにあるような感じがしますが，そうではありません。そもそも能動態と受動態の対立というのは存在していなかったのです。それは普遍的なものに思えますが，少しもそうではないということです。もともとは能動態と中動態が対立しており，受動は中動態が担う意味のひとつにすぎませんでした。

　　　能動態と受動態の対立というのは一言でいえば「する」と「される」の対立です。行為の矢印が自分から他に向かえば能動だし，その矢印が自分に向いていれば受動となります。では能動態と中動態の対立はいかなるものであったか。参考になるのは，フランスの言語学者，エミール・バンヴェニストの定義です。

　　　能動では，動詞は主語から出発して，主語の外で完遂する過程を指し示している。これに対立する態である中動では，動詞は主語がその座となるような過程を表している。つまり，主語は過程の内部にある。
　　　（『一般言語学の諸問題』，訳文には手を加えてある。以下，同様）

動詞の名指す過程が自分の外側で完結する場合には能動態が，それが自分の内側にとどまる場合，主語が過程の「座」——「場」と言い換えてよいでしょう——となっている場合は中動態が使われるということです。つまり，能動態と受動態の対立が「する」と「される」の対立だとすると，能動態と中動態の対立は外と内の対立といえます。

　このように考えるなら，ボブ・ディラン「風に吹かれて」は，「答」が風と別個に存在していて，それが風の中に舞い散っている能動性を表現した曲ではないことがわかるだろう。かといって，「風の中に舞い散っている」という能動態と，「風に吹かれる」という受動態を対立させて，後者を強調しようとしているわけでもない。そうではなく，「答」が「風に吹かれる」プロセスを構成する一つの「座」として，〈つねに，すでに〉プロセスとともにあることを表現したものなのだ。その意味でまさしく，これは中動態的表現なのである。
　國分はさらに，能動態 - 受動態 - 中動態を区別するうえで，意志の有無を重要視する。彼によると，能動態が意志の自発性を強調し，受動態が意志の非自発性を強調するという違いはあるにせよ，どちらも「意志の存在」を前提としていることは共通している。たとえば，「I hit him.（私は彼を叩いた）」という能動態では，私の自発的な意志のもとで，自分と別個に存在している彼という人間を「叩く」という動作をすることになる。それゆえ「叩く」という行為の責任の所在は，主語たる「私」にある。
　それに対して，「I was hit by him.（私は彼に叩かれた）」という受動態では，自分と別個に存在している彼によって「叩かれる」のだが，それは決して，私の自発的な意志ではなく，彼の自発的意志であることが強調されている。この場合，「叩かれる」という行為の責任の所在は，主語たる「私」ではなく，「彼」のもとにある。
　このように能動態では，主語に対して，その行為の責任が問われることになるが，受動態では，行為の責任が問われるのは主語では

なく，別の存在である。とはいえ能動態も受動態も，どこかに自発的な意志を有する行為者が存在していると前提とされている点で共通している。だが中動態の場合には，必ずしも，意志の存在が問われるわけではない。たまたま意志が存在する場合もあるにせよ，問われるのは意志の有無ではなく，主語が行為のプロセスそのものに入り込んでいるか否かなのである。

　具体的には，「I am falling in love.（私は恋におちる）」は，中動態的な表現の一つであるが，こうした表現のとき，私は自発的意志のもとで，「さあ恋に落ちるぞ！」と恋をしているのではない。また，誰かの自発的意志のもとで，私としては嫌々ながら「恋に落とされている」わけでもない。そのどちらでもなく，表現の中核となっているのは，自発的意志の有無とは関係なく，知らず知らずのうちに，私自身が「fall（落ちる）」という行為のプロセスを構成する一つの「座」として，〈つねに，すでに〉プロセスとともにあってしまっているということなのである。

❚ 3　中動態としてのフィールドワークによる「新しい実在論」

3-1　中動態としてのフィールドワーク

　フィールドワークという行為も，中動態としての性質を濃厚に有している行為ではないだろうか。私たちはともすると，フィールドワークという行為が自発的な意志のもとで，調査主体である自分とは別に存在している，調査対象たる人や地域を調べる行為だと考えている。社会学者である岸政彦も『質的社会調査の方法──他者の合理性の理解社会学』において，「社会学，特に質的調査にもとづく社会学の，もっとも重要な目的は，私たちとは縁のない人びとの，「一見すると」不合理な行為の背後にある「他者の合理性」を，誰にでもわかるかたちで記述し，説明し，解釈することにあります」と述べている（岸ほか 2016：26）。

　だからこそ，そこには，調査「責任」も伴うのであり，適切か

つ妥当な調査方法と倫理性をもって調査「責任」を引き受けるべきであるとされてきたのである。確かに，適切かつ妥当な調査方法と倫理性は，フィールドワークという行為において不可欠な要素であろう。だが私たちは，フィールドワークという行為を考察するにあたって，その能動性や受動性にばかり目を向け過ぎてしまって，中動態的な要素を等閑視してきてしまったのではないだろうか。

　フィールドワークにおいて，私たちは，フィールドの匂いをはこんでくる風に吹かれて，フィールドに奏でられる音を聴き，フィールドの温度を肌で感じる。そして様々な感情を向けてくる人と出会い，ときにメディアテクノロジーを活用し，彼らの声を聞き，その場所に存在しているモノを見る。つまりフィールドワークという行為は，調査者が，人，人の感情（emotion）・情動（affection），風・音・温度などの環境，モノ，メディアテクノロジーと関わりながら，「フィールドで」「フィールドとともに」「フィールドに巻き込まれて」体験・実践・思考するという行為なのである。

　その意味で，フィールドワークとは，岸の定義とは異なり，主体としての調査者が「他者──調査対象としての人や場所──の合理性を記述し，説明し，解釈する」といった行為にとどまるものではない。その意味で能動的行為に限定されるものではないのである。もちろん，それは他者に強いられる受動的行為ではない。それは，調査者自身が人，人の感情・情動，環境，モノ，メディアテクノロジーとつながり，そのネットワークによって形成されるコンテクストに組み込まれ体験・実践・思考する行為であるという点で，中動態的な色彩を濃厚に有している行為なのである。

　中動態としてのフィールドワークを考えるうえでは，文化人類学者エドゥアルド・コーンによる『森は考える──人間的なるものを超えた人類学』が，大きな示唆を与えてくれるかもしれない（コーン 2016）。コーンのこの著作は，彼が，主として 1996 年から 2000年までの 4 年間をかけ，南米エクアドル東部地域，アマゾン河上流域の森に住むルナ族のもとで行った調査を通して書かれた民族誌的

研究である。

　彼はルナ族の人びとと暮らしを共にしながら，人が人とのあいだでのみ暮らしているわけではなく，森のなかで，人以外の様々な存在——樹々や動物や昆虫など——に囲まれて暮らし，それらとつながり，ネットワークを築き，コミュニケーションを行っていることに気づいていく。そしてルナ族の人びとが，森にいる人間以外の多様な存在とコミュニケーションをとるときには，通常とは異なるかたちで記号や言語が用いられていることを明らかにしていったのである。

　たとえば森にいるハキリアリは，稲妻や雷雨，そして河が氾濫する季節の後のおだやかな時期に現れる。この時期，乾燥した時期は終わり，実りの季節を迎える。人びとは，アリの出現をもって，果物が実り，昆虫や動物が活発に行動し始める生態学的な兆しと結びつけている。「ハキリアリは，ほかならぬその存在を形づくる，諸自己の生態学（Ecology of Selves）の中に入り込んでいる。……アヴィラの人々もまた，アリとそれに連なる多くの生きもののあいだの意思疎通の世界を利用しようとする」のである（コーン 2016：143）。このように人びとは，森が言葉・記号を交わし，思考し合う，生命のネットワークの中で生きる存在なのだ。

　そのことが明らかにできるためには，調査者であるコーン自身も，人びとが森のなかで，人以外の様々な存在——樹々や動物や昆虫など——に囲まれて暮らし，それらとつながり，ネットワークを築き，コミュニケーションを行い，そのことによって形成されるコンテクストに組み込まれ，「フィールドで」「フィールドとともに」「フィールドに巻き込まれて」中動態的に体験・実践・思考することが必要であった。そうしたコンテクストになければ，森が思考しているときに用いられる言葉や記号が，調査者たるコーンの耳に届くことはなかったであろう。

　もちろん樹々や動物や昆虫といった人以外の様々な存在とのネットワークではなく，まったく別のネットワークのもとで，まったく

異なるフィールドワークを行うことも可能である。そのときには，フィールドの実在（reality）を構成するコンテクストは違うものになる。調査者が何とつながり，ネットワークを形成し，中動態としてのフィールドワークを行っていくかによって，フィールドの実在を構成するコンテクストは異なるものとなるのだ。

　すなわち重要なのは，コーンの民族誌的成果が，無限定なかたちで正しいもので，そうでない成果が誤っているということではまったくない。そうではなく，調査者自身が中動態的に，どのようなコンテクストのもとに入り込み，その内部で体験・実践・思考しているのかが重要なのである。フィールドワークで問うべきは，このことだ。これを理解する際には，哲学者マルクス・ガブリエルによる「新しい実在論」に関する議論が有効となろう。

3-2　フィールドの実在を構成するコンテクスト

　「新しい実在論」という名称は，2011 年の夏，イタリアのナポリで，マルクス・ガブリエルがマウリツィオ・フェラーリスと昼食をともにしているときに，フェラーリスによって発案されたものだと言われている（岩内 2021：20）。「新しい実在論」の議論は，形而上学と構築主義的ポストモダン思想，両者に対する批判の中で展開されてきた。ガブリエルは次のようにいう。

　　　新しい実在論が想定するのは，私たちの思考対象となるさまざまな事実が現実に存在しているのはもちろん，それと同じ権利で，それらの事実についての私たちの思考も現実に存在している，ということなのです。

　　　これにたいして形而上学と構築主義は，いずれもうまくいきません。形而上学は現実を観察者のいない世界として一面的に解し，また構築主義は現実を観察者にとってだけの世界として同じく一面的に解することで，いずれも十分な根拠なしに現実を単純化しているからです。（ガブリエル 2018：15）

　具体例で考えるとわかりやすいので，ガブリエルの例を岩内が修正している事例で考えてみたい（岩内 2019：203-204）。富士山を私とあなたは山梨県側から見ている。もう一人の友人は富士山を静岡県側から見ている。このとき富士山としては，四つの富士山があることになる。

　　①私が山梨県側から見ている富士山
　　②あなたが山梨県側から見ている富士山
　　③もう一人の友人が静岡県側から見ている富士山
　　④山梨県と静岡県にまたがる標高 3776 メートルの富士山

　このとき形而上学は，現象（仮象）と実在（物自体）を区別しようとし，「①私が山梨県側から見ている富士山」「②あなたが山梨県側から見ている富士山」「③もう一人の友人が静岡県側から見ている富士山」は，私とあなたともう一人の友人それぞれの人間が，それぞれの場所（パースペクティブ）から見ているものであるがゆえに，それは富士山の現象（仮象）に過ぎないという。そして「④山梨県と静岡県にまたがる標高 3776 メートルの富士山」こそが富士山の実在（物自体）であると考える。しかしながら，ガブリエルにとって，それは，「現実を観察者のいない世界として一面的に解し」ていることに他ならない。

　他方，構築主義的ポストモダン思想によれば，「観察者のいない世界」は誰にもそれが存在しているかどうかさえわからないとされる。それゆえ，私・あなた・もう一人の友人という主体が，それぞれの場所（パースペクティブ）から認識する「①私が山梨県側から見ている富士山」「②あなたが山梨県側から見ている富士山」「③もう一人の友人が静岡県側から見ている富士山」だけを論じ得ると主張する。しかしながら，ガブリエルにとって，それは，「現実を観察者にとってだけの世界として同じく一面的に解すること」に他ならない。私・あなた・もう一人の友人という主体が，それぞれの

場所（パースペクティブ）から見ているものは，単に認識が創りだしたものなのではない。私・あなた・もう一人の友人という主体が，それぞれの場所（パースペクティブ）から見ているというコンテクストのもとで，実在するものなのである。

　すなわち，①〜④の富士山すべてが，一定のコンテクストのもとにある実在として等価なのである。ガブリエルは，一定のコンテクストのもとにある存在を問うことを「意味の場の存在論」と呼ぶ。彼にとって，実在の多元性を認めない点で形而上学は批判されるべきであり，実在の多元性を認識の問題に矮小化してしまっている点で構築主義的ポストモダン思想は批判されるべきとされる。

　フィールドの存在論も，ここで述べている「意味の場の存在論」によって考えることができるのではないか。調査者が人，人の感情・情動，環境，モノ，メディアテクノロジーといかに繋がるのか。それらと，どのようなネットワークを形成していくのか。そうすることで，いかにフィールドワークを行っていくのか。それらによって，調査者が中動態的に組み込まれるフィールドの実在を構成するコンテクストも異なるものとなる。同じフィールドを観察したとしても，「私が，私のコンテクストのもとで観察しているフィールド」と「あなたが，あなたのコンテクストのもとで観察しているフィールド」には，異なる実在があり得るのである。フィールドの実在は多元的なのである。

　これについては，マーガレット・ミードという文化人類学者によるフィールドワークのことを考えてみても良いだろう。かつてミードはサモアをフィールドとして，サモアの少女たちが結婚において勤勉さを求められていると主張し，貞潔さなどはそこまで求められておらず，性については開放的であることを示唆した（ミード 1976）。これに対して，のちにデレク・フリーマンが『マーガレット・ミードとサモア』という著書で，ミードのフィールドワークを再検証した（フリーマン 1995）。フリーマンは，ミードが調査の対象とした一人の女性にインタビューを行い，その女性が友人ととも

にミードに「作り話」をし，故意に誤解させたと述べたという報告を行った。そうして，ミードとフリーマン，どちらが正しく，どちらが誤っているのか，大きな論争に発展していったのである。

　だがフィールドの実在を構成する両者のコンテクストが違っているのだとすれば，それは，どちらもがフィールドの実在を表現するものであると言えるだろう。問うべきは，無限定的なかたちで，どちらが正しく，どちらが誤っているかではない。そもそも，フリーマンが聞き取った女性が「友人とともにミードに「作り話」をした」という「作り話」をフリーマンにしたかもしれないが，そんなことを問うたところで生産的ではない。

　重要なのは，「ミードとフリーマンそれぞれが，調査対象者である人といかにつながり，どのようなネットワークを形成していたのか」「そのなかでどのようなコンテクスト＝「意味の場」のもとに組み込まれていたのか」「中動態的に，いかなるフィールドワークを行い，何を体験・実践・思考していたのか」「その結果，それは一定のコンテクストのもとで限定的にみたときに，真であるのか誤謬であるのか」[2] といったことなのである。これらのことを明確にできてはじめて，私たちは相互の異なるコンテクストが架橋し得るものなのか，架橋し得るとすれば，いかなる形であれば可能なのかといった「対話」を始めることができるのだ[3]。

---

2) ガブリエルによれば，「真理」も，「誤謬」も，実在する。それは「真理」も「誤謬」も構築されているがゆえに変わらないものだという意味ではまったくない。彼は次のように述べている。「すべての見方が等しく容認されるわけではありませんし，すべての見方が等しく真であるということになるはずもありません。だからこそ，わたしたちは議論し，学問や芸術を振興するのです。それも，どの道なら進めるのか，どの道は行き止まりなのかを見極めるためにほかなりません」（ガブリエル 2018：269-270）。

4 むすびにかえて：されどわれらが日々のフィールドワーク

　以上のような中動態としてのフィールドワークによる「新しい実在論」は，われらが日々のフィールドワーク——とくに新型コロナウイルス感染症以降のフィールドワーク——を考えるうえで，いかなるインプリケーションを有しているのだろうか。

　先にも述べたように，私たちは，フィールドの匂いをはこんでくる風に吹かれて，フィールドに奏でられる音を聴き，フィールドの温度を肌で感じる。そして様々な感情を向けてくる人と出会い，ときにメディアテクノロジーを活用し，彼らの声を聞き，その場所に存在しているモノを見る。つまりフィールドワークという行為は，調査者が，人，人の感情・情動，風・音・温度などの環境，モノ，メディアテクノロジーと関わりながら，「フィールドで」「フィールドとともに」「フィールドに巻き込まれて」体験・実践・思考するという行為である。

　だが新型コロナウイルス感染症によって，そうしたあり方は，大きく変わってしまった。ロックダウンや緊急事態宣言のもとで，調査者は，Zoomなどのオンライン会議システムを用いてインタビューを行わざるを得なくなったのである。その結果，オンライン会議システムであるメディアテクノロジーのアーキテクチャーのもとで，人と会話し，画面上に現れている人の表情，声，仕草から人の感情・情動にアクセスしなければならなくなったのだ。現地の情景，そこに存在しているモノなども同様である。このように新型コ

---

3)「すべてを包摂する自己完結した真理など存在せず，むしろ，さまざまな見方を取り持つマネージメントだけが存在するのであって，そのような見方のマネージメントに誰もが政治的に加わらざるをえない——この事実を認めるところにこそ，民主制はある」とガブリエルが述べるように（ガブリエル 2018：269），「対話を通じた相互主観的地平」を目指すのではなく，「対話を通じた相互コンテクスト的地平」を目指すことが重要であろう。

ロナウイルス感染症は，調査者が，人，環境，モノなどと結びついているネットワークのあり方を大きく更新し，調査者が組み込まれているコンテクスト＝「意味の場」にも変容をもたらし，フィールドの実在を刷新してしまったのである。

　そこには永遠に失われてしまったものも，数多く存在している。だが，そのことは，決してネガティブなことだけを示しているわけではない。そこには，新型コロナウイルス感染症以降の新たなコンテクスト＝「意味の場」だからこそ現れてくる，フィールドの実在があるはずなのである。それらを以下のように整理してみよう。

①私が，新型コロナウイルス感染症以前の，私のコンテクストのもとで観察しているフィールド
②私が，新型コロナウイルス感染症以降の，私のコンテクストのもとで観察しているフィールド
③あなたが，新型コロナウイルス感染症以前の，あなたのコンテクストのもとで観察しているフィールド
④あなたが，新型コロナウイルス感染症以降の，あなたのコンテクストのもとで観察しているフィールド
⑤新型コロナウイルス感染症以前，以降にかかわらず，私やあなたというフィールドワーカーの観察と関わりなくあるフィールド

　これら五つのフィールドの実在はあくまで等価である。フィールドワークが永遠に失ってしまったものは，確かに，かけがえのないものなのかもしれない。それゆえ，それは安易に忘却されるべきではない。だが同時に，新型コロナウイルス感染症以降の「されどわれらが日々のフィールドワーク」だからこそ獲得できる，フィールドの実在があるはずであろう。それを磨き上げていく作業を，私たちは今後，継続していく必要がある。

　私たち人間は，三密（密集，密接，密閉）をさけ，直接にふれあ

わない世界を生き始めている。それは，ときにロックダウンや緊急事態宣言によって，街から人が消えてしまうこともあるという世界である。ともあれ，これから先も，私も，あなたも，何らかのコンテクストのもとで存在していくのである。クロード・レヴィ＝ストロース『悲しき熱帯』における著名な一節に「世界は人間なしに始まったし，人間なしに終わるだろう」「ともあれ，私は存在する」とあるように（レヴィ＝ストロース 1977），「されどわれらが日々のフィールドワーク」[4] は，これから先も，私も，あなたも，何らかのコンテクストのもとで存在していくという事実から始めるべきなのではないのか。それが行きつく先はどこなのか？──その答が風に吹かれているのだとしても。

---

[4]「まえがき」にも書いたように，「されどわれらが日々のフィールドワーク」とは，1964 年に出版された柴田翔の小説のタイトル『されどわれらが日々』（文藝春秋）をふまえて用いた言葉である。

大学闘争がまきおこる時代のなかで青春をむかえた若者たちは，寺山修司が 1967 年に刊行した『書を捨てよ，町へ出よう』（芳賀書店）という書のタイトルに共鳴しつつも，同時に，その時代に対して愛憎をまじえ柴田と同様に「されどわれらが日々」と言っていた。

その四半世紀後，佐藤郁哉は社会学の領域から，「書を持って街へ出よう」を副題とする『フィールドワーク』という書物を出版する（佐藤 1992）。そして，そこからさらに約四半世紀のときを経過して，私たちは新型コロナウイルス感染症が感染拡大する状況となった時代を生きているのである。そうした状況となった時代において，「書を持って街へ出よう」というフィールドワークのあり方をラディカルに問い直し，「されどわれらが日々のフィールドワーク」を模索しなくてはならないのではないか──そういう問題意識から，本章は書かれている。

【引用・参考文献】

岩内章太郎（2019）．『新しい哲学の教科書——現代実在論入門』講談社

岩内章太郎（2021）．『〈普遍性〉をつくる哲学——「幸福」と「自由」を
　　いかに守るか』NHK出版

ガブリエル, M. ／清水一浩［訳］（2018）．『なぜ世界は存在しないのか』
　　講談社

岸　政彦・石岡丈昇・丸山里美（2016）．『質的社会調査の方法——他者の
　　合理性の理解社会学』有斐閣

コーン, E. ／奥野克巳・近藤　宏［監訳］（2016）．『森は考える——人間的
　　なるものを超えた人類学』亜紀書房

國分功一郎（2017）．『中動態の世界——意志と責任の考古学』医学書院

國分功一郎（2020）．『はじめてのスピノザ——自由へのエチカ』講談社

國分功一郎（2021）．「中動態から考える利他——責任と帰責性」伊藤亜紗
　　［編］『「利他」とは何か』集英社, pp.147–177.

佐藤郁哉（1992）．『フィールドワーク——書を持って街へ出よう』新曜社

フリーマン, D. ／木村洋二［訳］（1995）．『マーガレット・ミードとサモア』
　　みすず書房

ミード, M. ／畑中幸子・山本真鳥［訳］（1976）．『サモアの思春期』蒼樹
　　書房

レヴィ＝ストロース, C. ／川田順三［訳］（1977）．『悲しき熱帯』中央公論
　　新社

Chapter 02

0 は少なすぎるが 1 つは多すぎる
フィールドワーカーの個的輪郭をめぐる人類学的省察

石野 隆美

█ 1 はじめに：未完の主体としてのフィールドワーカー

　本章は，個的一体性をその特徴とするような「個人」(individual)
とは異なる存在としてフィールドワーカーを描きだす，文化人類学
的な思考＝試行である。ここで提示されるのは，ある種の未完性に
特徴づけられたフィールドワーカーのイメージである[1]。この未完
性ゆえに，彼／彼女は自分自身を諸関係の結節点へと変換していく
潜在力を秘めることを指摘する。換言すれば，フィールドワーカー
という主体は，他に対して自らを開くことによってはじまる関係性
の帰結なのであり，そのようにして「自己」と「他者」が暫定的な
かたちで析出されつつ結びつけられていく過程こそ，フィールド
ワークに他ならないことを議論する。

　この試みのために，本章では「個／個人」をめぐる議論を検討し
ていくのだが，その前に，フィールドワークと聞いて即座に連想さ
れるような，「特定の場所にじっさいに行くこと」に特徴づけられ
たフィールドワークのあり方について検討しておきたい。

　小川さやかが指摘するように，SNS をはじめとするオンライン
上の情報交換プラットフォームが世界中で利用されている今日に
おいては，明確な始点と終点に区切られたフィールドワークの輪
郭は失われつつある（小川 2017）。研究者は自宅にいながらにし

---

1)「未完のフィールドワーカー」像については拙稿（石野 2022）で部分的に
　言及している。本章は，そこで記述した未完性に対する自己批判でもある。

17

て，フィールドの人びとのオンライン・コミュニティに参画したり，フィールドの状況に関する映像や画像をリアルタイムで共有してもらったりすることが可能となっている[2]。この状況は，フィールドワークを含む一連の研究活動が，特定の場所と時間に制約されないかたちで，調査者の日常生活や他の活動の様々と結びついている可能性を示唆するものである。小川は述べる。

> 先行研究の読解，調査計画の立案，フィールドワーク，分析と考察，論文の執筆のプロセスが細切れになり，そのすべての思考のプロセスに被調査者がコミットするようになった。私のオーサーシップはますます曖昧になった。(小川 2017：127)

　フィールドワークの断片化というべきこの状況においては，どこか特定の場所に行く／到着するという「始点」と，そこから帰還するという「終点」に明確に区切られた，単線的・連続的な営みとしてのフィールドワークの行為的連続性は掘り崩される。
　フィールドワークはむしろ，特定のふるまいや関係性の帰結として，すなわち「あらわれる」ものとして捉えなおされる必要がある。西井凉子による「人はみなフィールドワーカーである。ただそのことに気づきさえすれば，人々の生活が新鮮な発見の場となり，驚きと愉しさに満ちたものになる」(西井 2014：12) という説明から，そして菅原和孝による「人生至る所フィールドあり」(菅原 2006：1) という言葉から私たちが引き受けるべきは，実体的な場所や滞在期間，資格，行為的連続性といったものに規定されない別様のフィールドワークのあり方を模索する想像力であろう。

---

2) 小川は，フィールドの人びとがオンライン上で交わす「チャット」や「つぶやき」を「エスノグラフィの断片」と捉え，断片的な情報の生成と消滅のダイナミズムを取り込んだ新しいエスノグラフィを構想する (小川 2017：2019：2021)。

　同じ行為でも，それがフィールドワークとなったり，ならなかったりしうるという発想をもてば，フィールドへと身体を移動させることがフィールドワークの一部にすぎない可能性が浮上する。むしろ，フィールドワークとは究極的には，自己と他者との関係性の一形態として理解可能なものであるかもしれない。行為や，他者との関係性のあり方をフィールドワークとしてたちあがらせること，目の前の現実をフィールドへと変容させる想像力を喚起することのほうが，よっぽど肝心でありうる。

　その出発点は，他者と「ともに居る」という共在感覚[3] を，まさしく他者とともに形づくることであり，なんらかの共同作業がそこからはじまるという予感を互いに抱くことである。本章の見立てにおいては，この意味で，人は単独の存在者としてのフィールドワーカーになることはできない。むしろその未完性が，フィールドワーカーをなにがしかと結びつける役割を担うのであり，特定の結びつきそのものが，フィールドワーク／フィールドワーカーをそれとして成り立たせる条件である可能性がある。

　これらの議論のために，以降では，人類学者 M. ストラザーンの「パーソン（person）」の概念を参考にしながら，個のようにみえるものがじつは関係のなかで析出され可視化された一時的な状態に過ぎないこと，そして，個的なものがじつはその輪郭の内側において，「他」をつねに潜在させている可能性があることを示していきたい。

▍2　関係のなかで可視化される個

2-1　所有と交換

　M. ストラザーンは，交換を通じて事物や人びとがその内側に

---

3) ここでは，「○○についての人類学」から「○○とともにある人類学」への移行について言及した T. インゴルドの「ともに」(with) のニュアンスを念頭においている（インゴルド 2017 ; 2020）。

秘める能力を「引きだし（elicit）」，社会関係や過去の行為をその「形態（form）」において「可視化（make it visible/appear）」させるプロセスを，メラネシアを舞台に描きだしている（Strathern 1988；里見・久保 2013）。交換において，「贈る者」「受け取る者」「贈られる事物」をそれぞれ固有の輪郭と不変の核＝性質を有する所与の個人／個体とみなし，交換がそれらの関係性を変化させたり，再生産させたりすると考えるのは，西洋的な発想であるとストラザーンは述べる。そこでは「所有（possession）」概念が，単一の社会的存在としての個人を構築する土台の一つとして作用している（Strathern 1988：103–104；中空 2019：26–31）。

　「一般的な西洋の財の概念が有する独自の特徴は，単一の事物（singular items）が単一の所有者（singular owners）に帰属する点にある」（Strathern 1988：104）。財となる事物とその所有者が1対1の関係に結ばれることで「所有」の関係が生じるという「私的財産（private property）」の理解は，個人と事物とをともに，他方に対して外部化された所与の存在とみなすものだといえる。

　対比して，ストラザーンがメラネシアの儀礼と交換をめぐる民族誌的記述を転々と引用しながら論じるのは，そのような所与性の構築性である。ストラザーンは，交換において事物や人が特定の形態を可視化させたり，意味や相互作用が登録される場所としてあらわれたり，効果を発揮したりするプロセスを「客体化（objectification）」と呼び，さらにその形態を「物象化（reification）」と「人格化（personification）」に分けて説明する（Strathern 1988：176–177）。この議論は，明確な輪郭をもつ個人や個体を交換の前提条件の座から追いやり，交換の結果として可視化される一時的な形態としてそれらを描きなおすものである。

2-2　パーソン

　この物象化と人格化の議論を理解するには，いったん「パーソン」の概念を確認する必要がある。ストラザーンにおいてこの概念

は，「人」や「人間」を単純に指示しない。これは関係性を取り結んだ状態それ自体として理解されるべきものであり，その特定の形態（form）にほかならない。よって，人（people）も事物（object）も交換関係のなかでパーソンとして可視化されうることを意味する。ストラザーンによれば，人・事物がパーソンとしてあらわれるのは，それらが自らを関係性の結び目＝結節点に位置づけ，自己の「内的能力（internal efficacy）」や他との接続（可能）性を関係のなかで引きだすときである。

　ここで引きだされる能力の一つとして，ストラザーンが挙げるのが「成長（growth）」である。ニューギニア高地，パイエラ（Paiela）の思春期儀礼（puberty ritual）では，少年が森で生姜にまつわる精霊と関係を取り結ぼうとするのだが，その成否は，少年が（婚資にあたる物を精霊に贈るなどの）儀礼を経て実際に身体的な「成長」を可視化させたか否か，たとえば肌が美しくなり，体格がより大きくなったか否かにもとづいて，村の人びとから判断される（Strathern 1988：118-119；cf. Biersack 1982）。この成長の概念は，まさに個人の個的輪郭を視覚的に決定づける「体表＝肌」がそれ自体として変化・変形する可能性が潜在しているものであることを，端的に物語っている。

　パーソンとしての事物についてもみてみよう。それらは，交換を通じて内在する意味と関係を「引きだされる（elicit）」（Strathern 1988：191-207）。事例ではニューギニア高地，ハーゲン社会の贈答儀礼モカ（Moka）において交換されるブタが取り上げられる[4]。男性同士の競争的な贈与のために使用されるブタは，同時に「肉」として家族に食される可能性を潜在してきた。それだけでなく，その

4）ストラザーンはまた，ハーゲンにおけるブタの交換事例を米国の生殖医療における凍結された「胚」の親権訴訟の事例と並置し，それぞれの所有権や利害の問題が関係性のなかで可視化される過程を議論している（Strathern 1999：136-155）。

ブタをこれまで育ててきた妻の過去の行為や，妻と夫の関係の様々をその内に蓄積した存在でもある。このブタが交換されるとき，すなわち，これまで飼育してきた夫婦からブタが「切断（separate）」[5] され，別の男に渡るとき，潜在していたそれらの関係性は可視化されるという。これは，男性のみで実施されるクラン間の交換のまさに中心において，ブタを介した夫と妻との異性間関係が「引きだされる」ことも意味する（Strathern 1988：199-207）。内部から諸関係が引きだされるとき，ブタはパーソンの形態として人格化（客体化）されているのである。

　ストラザーンはこの物象化と人格化の整理のために，西洋的な概念としての「商品経済」とメラネシア的な「贈与経済」の対比を引きあいにだす（Strathern 1988：176-177）[6]。商品経済においては，事物とパーソンは固有かつ不変の性質を保持するものとして物象化され，事物の形態をとる。他方で贈与の経済は，事物とパーソンの双方を，互いに関係しあうパーソンとして可視化させ，自身の能力や社会関係を開示させる。「西洋における商品の論理は事物（および事物としてのパーソン）についての知識を求めさせるが，メラネシアの贈与の論理は，自分たち自身に対して，自らをパーソン（およびパーソンとしての事物）として知らしめる」（Strathern

---

5）この「切断」の概念はB.ラトゥールのネットワークに関する議論への批判という文脈において，さらに展開されている（ラトゥール 2007；Strathern 1996）。
6）ストラザーンは「西洋」と「メラネシア」，「西洋近代的個人」と「メラネシア的人格」の対比を本質化して論じているわけではない。中空萌と田口陽子がR. Wagnerを引きながら整理するように，それらの対置は「それを用いることによってメラネシア社会についての新しい問いや見方を発見したり，あるいは「西洋起源の」既存の人類学的分析概念を問い直したりするため」に「問題発見的」に仮置きされるような概念枠組みだとみなすべきだろう（Wagner 1977；中空・田口 2016：84）。本章が西洋近代的個人と対比可能なものとして未完のフィールドワーカー像を提示することも，この問題意識を念頭においたものである。

1988：177)。

　ここにおいて，近代的個人をその出発点とするような交換の捉え方は退けられている。個人とは，パーソンとしてたがいに結節していた関係性が交換において「切断」され，そのような形態として「引きだされた」帰結にほかならない。個人と思われていた存在が，特定の様式において「切断」され析出された潜在的・一時的な形態にすぎないとするならば，個人としての主体像はもはや議論の出発点に設定しえないのである。

▍3　0 と 1 の間

　M. ストラザーンの議論は，個として他と独立しているようにみえるものがじつは析出されたものにすぎないこと，そして，それらはその内側において他者の痕跡や他者への予期を包含していることを示唆するものだ。このような捉え方は，溶解してはいないが一つの完結した輪郭によって閉ざされた個でもないような，個と混淆との間に位置するパーソンとしてのフィールドワーカーを説明する指針となる。

　だがここで注意すべきは，部分と全体のアナロジーである。フィールドワーカーをその未完性において特徴づけるとき（すなわち「部分」とみなすとき），それは他者やフィールドの出来事との接続によって「全体」すなわちある種の一体性を回復する存在のように聞こえる。だが，全体と部分との関係について，部分の総和が全体をなすと考えたり，全体が部分を超越して包含している（たとえば個人に対する社会）と考えたりする全体論的・多元主義的発想は回避されなければならない[7]。ここで，ストラザーンによる多元主義の乗り越えに関する議論をみてみよう。

　ストラザーンは，D. ハラウェイによって提示された，機械と人間との間の根本的な区分不可能性を象徴する「サイボーグ」（ハラウェイ 2017：285–348）の概念を例に，「1 つは少なすぎるが 2 つ

は多すぎる（One is Too Few but Two are Too Many）」（ストラザーン 2015：128-137）存在のあり方について語っている。それは，個的輪郭をもつ「1」同士の加算ではない。また，一方と他方とを「部分」に区分することも許されない。サイボーグは，一方が他方の可能性をつねに喚起し，拡張しあう複合なのである。ここでは一方の把握が他方の把握に直接対応することはない。

　パーソンとして可視化される限りにおいて，未完のフィールドワーカーは，自分以外のなにがしかとの結びつきを自らの成立要件とするという意味で「1つは少なすぎるが2つは多すぎる」存在である。一方で，そのようなフィールドワーカーの部分性に注目するならば，それは「0は少なすぎるが1つは多すぎる」存在と呼ぶこともできるだろう。そのように呼ぶことによって可視化されるのは，内側に他者の痕跡と予感を包含するがゆえに未完であり，永遠に完成されざるがゆえに「1」としての自身の個的輪郭がつねに引きなおされる，開かれたフィールドワーカーの姿にほかならないのである。

　それはジグソーパズルのピースのようにイメージできるかもしれない。パズルは確かに，一つの風景や全体像の完成に向かって取り組まれるという意味で，きわめて全体論的・多元主義的なゲームである。しかしながら，個々のピースはその凹んだ形態において周囲のピースの存在を単独にしてほのめかし，その凸の部分において他との接続可能性を可視化させているような，潜在性に貫かれた存在でもある。個でありながら他をほのめかす主体として，フィールドワーカーは自らの凹凸に満ちた輪郭線から何かを引きだすパーソンにならなければならない。

7）個人として完結した，あるいは完結をめざすフィールドワーカーは，同じく絶対的な個的輪郭を有する他者を想定し，フィールドの経験や他者の視点を自らの輪郭線の内側へと回収してしまうおそれがある。それはフィールドワークを，そして他者を「自己変容」や自己の研究成果としてのみ意味づけようとする態度と表裏一体である。

▌4　おわりに：「開＝示」する知へ向けて

　パーソンとしてフィールドワークを実践するには，おそらく「対象」に対する知とまなざしのあり方への検討が必要である。なぜならパーソンとしての自己の可視化は，自己と関係を取り結ぶ他者をも同時にパーソンとして可視化させるからである。フィールドワーカーと他者がつねにすでに互いに潜在し，他方を拡張させてゆくパーソンのあらわれに対して，そのような連結の全体を一望する分析視点を設定したり，自己の意思において関係性のなかから他者のみを切りだして対象化したりすることは不可能である。この意味で，パーソンとしてのフィールドワーカーはある種の共同作業の産物にほかならない。

　他者を自らと切り離すまなざしは，観察対象のことを不動の展示物として物象化（客体化）する危険と隣り合わせにある。そのような物象化は，フィールドワーカーが対象に「ついて」何かを読み解くことは可能とするかもしれないが，対象とフィールドワーカーが互いに触発しあいながら変化をすすめる可能性についてはことごとく見逃してしまうこととなる（cf. インゴルド 2017：26-33；浜本 2005：72-75）。

　パーソンとしてのフィールドワーカーは，この意味で，「私の知」の拡大再生産ではなく，「私たちの知」の変容へと方向づけられた実践者であるといえるだろう。個人／個体として目に映るものが，本来的に「閉じて」いるのでは決してなく，そもそも（関係性に）開かれていたものが関係のなかで切断され，一時的に閉じた結果にすぎないとするならば，フィールドワーカーに求められるのはその閉じられた輪郭線をふたたび「開＝示（disclose）」することである。それは，断絶された対象を再び関係の内部に結びなおす視点といえよう。

　この「開＝示」は，対象に対する「理解（clarify/identify）」や「把握（grasp）」，「分類（classify）」や「区別（distinguish）」の行

為／まなざしとは明確に対置される。なぜなら，これらの視点はその言葉どおりのかたちで関係性を切断し「閉じる」操作を，すなわち対象を物象化する知的操作をその土台としているものだからである。対象は輪郭によって閉じられることで，不動の，名づけられたもの／数えられるもの（加算物）となる。このようにして対象を分類し閉じる視点は，同じく閉じられた個人によって使用される，近代を象徴する道具にほかならない。

　個がそれ自体として他を包含しそれをほのめかしているというM. ストラザーンの示唆を，フィールドワーカーは自分自身をパーソンとして可視化させるために，そして閉じられたかたちで目に映る対象／出来事／経験の輪郭をふたたび「開＝示」するために展開していかなければならないだろう。他者理解から，自己／他者の開＝示へと向けて。

【引用・参考文献】

石野隆美（2022）．「〈居合う〉構えからはじまる——フィールドワークの受動性・偶発性・拡張性をめぐる小論」『立命館大学人文科学研究所紀要』131: 37–62.

インゴルド, T. ／金子　遊・水野友美子・小林耕二［訳］（2017）．『メイキング——人類学・考古学・芸術・建築』左右社

インゴルド, T. ／奥野克己・宮崎幸子［訳］（2020）．『人類学とは何か』亜紀書房

小川さやか（2017）．「オートエスノグラフィに溢れる根拠なき世界の可能性」『現代思想——特集 エスノグラフィ』45(20): 123–137.

小川さやか（2019）．「SNSで紡がれる集合的なオートエスノグラフィ——香港のタンザニア人を事例として」『文化人類学』84(2): 172–190.

小川さやか（2021）．「エスノグラフィ」春日直樹・竹沢尚一郎［編］『文化人類学のエッセンス——世界をみる／変える』有斐閣, pp.239–257.

里見龍樹・久保明教（2013）．「身体の産出，概念の延長——マリリン・ストラザーンにおけるメラネシア, 民族誌, 新生殖技術をめぐって」『思想』1066: 264–282.

菅原和孝（2006）．「人生至る所フィールドあり——まえがきにかえて」菅

原和孝［編］『フィールドワークへの挑戦――〈実践〉人類学入門』
世界思想社, pp.1-8.

ストラザーン, M.／大杉高司・浜田明範・田口陽子・丹羽　充・里見龍樹
［訳］（2015）.『部分的つながり』水声社

中空　萌（2019）.『知的所有権の人類学――現代インドの生物資源をめぐ
る科学と在来知』世界思想社

中空　萌・田口陽子（2016）.「人類学における「分人」概念の展開――比
較の様式と概念生成の過程をめぐって」『文化人類学』81(1): 80-92.

西井凉子（2014）.「人はみなフィールドワーカーである」西井凉子［編］
『人はみなフィールドワーカーである――人文学のフィールドワーク
のすすめ』東京外国語大学出版会, pp.12-33.

浜本　満（2005）.「村のなかのテント――マリノフスキーと機能主義」太
田好信・浜本　満［編］『メイキング文化人類学』世界思想社, pp.67-
89.

ハラウェイ, D.／高橋さきの［訳］（2017）.『猿と女とサイボーグ――自然
の再発明』青土社

ラトゥール, B.／川崎　勝・平川秀幸［訳］（2007）.『科学論の実在――パ
ンドラの希望』産業図書

Biersack, A. (1982). Ginger gardens for the ginger woman: Rites and
passages in a Melanesian society. *Man*, 17(2): 239-258.

Strathern, M. (1988). *The gender of the gift: Problems with women and
problems with society in Melanesia*. Berkeley: University of California
Press.

Strathern, M. (1996). Cutting the network. *Journal of the Royal
Anthropological Institute*, 2(3): 517-535.

Strathern, M. (1999). *Property, substance and effect: Anthropological
essays on persons and things*. London: Athlone Press.

Wagner, R. (1977). Analogic kinship: A Daribi example. *American
Ethnologist*, 4(4): 623-642.

Chapter 03

わからなさ，つながり，事件の発生
フィリピンの呪術と観光のフィールドワークから

東 賢太朗

1 はじめに

人類学者を志し研究を始めて，そろそろ 20 年が過ぎようとしている。その間，紆余曲折ありながら，フィールドワークという人類学者にとって手放すことのできない営みは何とか継続してきた。それが 2020 年から感染が世界的に拡大した COVID-19（新型コロナウイルス感染症）によって，思いもよらず停止し，現在に至るまで再開の見通しは立っていない。

『フィールドワークの現代思想』と名付けられた本書に執筆の機会を与えられたいま，フィールドワークに行けないからこそ，その営みについて立ち止まって考えられると前向きに捉えよう。フィールドワークとは自分にとって何だったのか。人類学者として，そしてこの世界を生きる一個人として，それは人生にどんな影響を与え，どのように重要であったのか。他者や世界と関わるチャンネルであったフィールドワークが停止している，そのいまだからこそフィールドワークについて，そしてそこで生じていた他者との関係についてゆっくり立ち止まって考えてみたい。

人類学者としての私のフィールドは，これまで変わることなくフィリピンと関わっている。学部時代に交換留学を経験して以来，その後の研究活動のほぼすべてをフィリピンでのフィールドワークにもとづいて執筆してきた。これまで築いた人間関係と習得した言語は貴重な財産であり，フィールドを移動することは容易にはできない。しかし，同じフィリピンのなかでわずかに地域を移動しなが

ら，テーマはいくつか変更してきた。細かな変化は挙げればきりがないが，ここで取り上げたいのは呪術から観光へという二つのフィールドの間の移動についてである。

2 呪術のフィールド

2-1 呪術の「わからなさ」

　博士論文から最初の単著刊行まで，私の研究テーマは呪術についてであった。フィリピンの呪医[1]を対象としたフィールドワークを中心に，それがカトリシズムや近代医療とどのように関わり，融合し葛藤が生じているか，考えていた（東 2011）。フィリピンの西ビサヤ地方，ロハスという地方都市で長期滞在調査を行い，前後の予備調査や補充調査も含め，2年ほどの調査期間で何とか博士論文を書き上げた。

　呪術のフィールドの特徴は，その圧倒的な「わからなさ」にある。人類学において呪術は重要なテーマであり，数多くの先人たちによって残されてきた様々な知見を事前に学んではいたものの，実際に現場で向き合った呪術的な思考や実践は，その一つひとつが驚くほどに理解しがたいものであった。

　たとえば，主なインフォーマントであった呪医たちは，日々訪れる患者たちの病治しを行う。そこでは患者の症状を診断し，その原因を特定し，それに応じた治療が行われる。もし，病いの原因が精霊の怒りや他者による呪いといった超自然的な原因であった場合，治療も祈祷や儀礼を用いた超自然的な方法によって行われる[2]。

　事前に勉強していたとはいえ，実際に精霊や呪いについて，呪医と患者が目の前で語る状況を受け入れるのはフィールドワーク初期には

---

1) 現地で話されるイロンゴ語では *medico*，あるいは *manogbulong*。いずれの言葉も，病いの治療者という意味合いを含むため「呪医」と訳している。
2) 病いの原因が打撲ややけどなど自然的な原因によるものであっても，呪医の医療知識によって薬草やマッサージ，ときに市販薬などを用いた治療が行われる。

やはり難しかった。頭痛や腹痛，発疹，精神的な不調など患者の様々な症状は，精霊の怒りや祖霊の祟り，他者による呪いであると診断される。当時の私には，その因果関係を理解し受け入れること自体が困難であり，さらにその病因にもとづいて行われる呪文を用いた祈祷や精霊への供物儀礼など，なぜ，どのように行われるべきであり，それがいかにして効力をもつのか，まったく理解不能なまま，ただ目の前で行われる病治しの現場に通い続けるしかなかった。

2-2　「わからなさ」に取り組み，向かい合う

　それでは，そのような呪医の病治しが近代医療とはまったく関係なく独立して行われていたかというと，そうではない。調査地ロハスには近代医療は十分に普及しており，病院やクリニック，薬局は数多く，医師も決して不足していない。呪医を訪れる患者も近代医療を活用しながら，並行して呪医のもとへ通うものが少なくなかった。

　ときに葛藤も生じながら継続する呪医の病治しと近代医療との共存関係をより詳しく学びながら，私は呪術のフィールドがどのような社会的状況にあるのかを少しずつ学んでいった。呪術の「わからなさ」を外部の文脈と結びつけることは，それをある程度把握可能なものにするための一つのヒントとなった。

　また，精霊や呪いの圧倒的な受け入れがたさとは裏腹に，呪医の病治しの現場にはまったく困難を感じることなく受け入れられるリアリティも現前していた。それは，患者本人の痛みや苦しみ，家族を亡くした悲しみ，精霊や呪いへの恐れといった負の感情の発露であった。一見受け入れがたい，超自然的な世界観の背景には，生々しい感情や人間関係の迫りくるリアリティがあった。

　そして，そのようなリアリティを私は，呪医と患者の病治しの現場に居合わせるなかで日々共有していった。精霊や呪いのことはまだよくわからない。しかし，それらが引き起こす病いの苦しみ，死の悲しみにははっきりと共感することができる。また，その背景に

ある超自然的存在の識別不能な力強さ，怒りや妬みを抱いているらしい他者の不気味さも，多分同じく半信半疑である患者とともに恐れながら感じ取っていた。

　私はそのように呪術のフィールドを取り巻く社会的状況を学び，そこに通底する生々しい感情に共感しながら，次第にフィールドでの情報を蓄積していった。呪医はどのような力と知識を持って病治しを行っているのか。精霊とはどのような存在であり，その世界がどのように構成され，また人間の社会といかに関わっているのか。呪いに対抗するための祈祷や儀礼の方法に加え，呪いを行う呪医の存在や，対抗するために行う呪いの倫理と両義性について。またそれらすべては，呪医や患者の多くが信仰するカトリシズムの教義とどう関わるのか。

　それは，ただ呪術についての知識を獲得する学習過程としてあったのではなく，呪医と患者の病治しという特定の現場に居合わせることによって，そしてその社会的背景や現場の感情を共有しながら，わからないはずの呪術を自分の身体や感情を通じて受肉していくような実践であった[3]。

2-3　呪術の当事者として

　2年ほどのフィールドワークの過程では，呪術の世界観を私個人として，また当事者として受け入れていくような経験をすることもあった。たとえば，最も親しく接していたある女性呪医と取り結んだ儀礼的な親子関係は，私のその後の人生すら左右している。「息子よ（*anak*）」と私のことを呼ぶ彼女から，フィールドワークに関する全面的な許可と支援を得られたことはたいへんにありがたいこ

---

3) 人類学者がフィールドワークの現場でしか感受できないもの，マリノフスキーが「実生活の不可量部分」と呼んだものと交わるアフェクトゥス的世界観に近いだろうか（西井・箭内 2020）。ここで私は，その前の段階の「わからなさ」，つまり感じられるのだが不明であるという状態をより強調したい。

とだった。本来は他者に共有できないはずの秘匿すべき知識や情報を惜しみなく与えてくれた彼女は，病治しで用いるラテン語の呪文が書かれた祈祷書も写させてくれた。数年前に彼女が亡くなったとき，私は祈祷書の呪術的な力を引き継ぐべきかどうか，それが望まれているのかどうか，真剣に悩まざるをえなかった。

　また，自分が当事者として呪いをかけられた（かもしれない）という不可解な事件にも遭遇した。ある男性呪医の自宅に通い調査を開始したころに，私に呪いに注意するようにという警告が，送り主不明のSMSによって送られてきた。気味の悪い思いを抱きながらも，どうやらその呪医の娘と恋仲にあった男性の無根拠な嫉妬に巻き込まれたようだと安心したのもつかの間，今度は私が呪医の娘に惚れ薬を飲まされ，その娘に恋をしたという疑いが生じた。誰が何を知り，何を行い，何が生じているのか自分では把握できない状況で，ただ呪われたかもしれないという恐怖心が増していく。結局，真偽のほどは何もわからなかったこの事件によって，呪われた患者たちが感じていた恐怖を私は実体験として共有することになった[4]。

　こういった，フィールドワークの現場でしか得ることのできない経験をしながら，私は相変わらず呪術の受け入れがたさを拭い去ることはできないまま，しかし精霊がいて呪いがある世界観をそのまま受け入れていった。それは何かを「わかる」ためのフィールドワークであったのではなく，「わからなさ」を引き受けながら，しかしリアルに現前するその世界を生きるための通過儀礼であったといえるだろうか。あるいは，「わからなさ」を前提としながら，それゆえにこそ他者とつながることができた不思議なねじれの経験だったのだろうか。

4）　事件の詳細は東（2011）の序論，エピソード2（pp.50-54）を参照。

3 観光のフィールド

3-1 観光のフィールドワークの開始

　呪術のフィールドワークは，他者による呪いや精霊の怒りが病い
や死を引き起こし，妬みや怒り，悲しみと苦しみに満ち溢れた現場
であった。それゆえに，近しい人びとの間に生じた諍いのなかに巻
き込まれたり，ときには友人の痛ましい死に直面したりして，どう
しても耐え切れなくなることもあった。そんなとき私は，ロハスか
ら数時間ほど先にある，ボラカイ島というビーチリゾートに１週間
ほどの逃避先を求めた。

　世界的に有名なビーチリゾートであるボラカイ島には，いつも多
くの観光客が訪れ，幸せそうに余暇を過ごしている。数ヶ月に一度，
繰り返すボラカイ島への逃避行のなかで，家族や友人と楽しそうに
過ごす人たちを眺めながら，私はいつしか「人びとの幸せや喜びを
対象にした観光のフィールドワークはできるだろうか」と思い描く
ようになった。それが，ボラカイ島で観光のフィールドワークを始
めるきっかけとなった。

　それまでの呪術のフィールドとは一転，人びとが余暇を過ごす観
光のフィールドワークで喜びと幸せについて考えること。心躍らせ
準備を進めながら，私は新たなフィールドワークに向けて不安より
も期待が大きかった。いま思えば，呪術のフィールドワークで前提
となっていた「わからなさ」ではなく，共感や理解を予想していた
のかもしれない。あるいは，悲しみや苦しみというネガティブな感
情よりも，人びとの喜びや幸せは共有しやすいものだと考えていた
のかもしれない。いずれにしても，それは甘かった。

　ボラカイ島で本格的に調査を始めてから，これまで学んできたの
は，観光のフィールドワークにはそれ自体多くの困難があり，また
私が呪術のフィールドから移動してきたからこそ感じる独特な調査
の障害があるということだった。

3-2　現地の社会関係に巻き込まれる

　まず挙げられるのは，観光地というフィールド自体に特有な社会関係の存在である[5]。私はフィールドワーク開始直後から，定宿のホテルオーナーを介して他のホテルや飲食店，ダイビングショップのオーナーと主に英語でコミュニケーションを取りながら情報を収集していた。しかしそのような経緯でインフォーマントを獲得していたため，経営者と親しくなっても，そこで働くフィリピン人労働者との関係が希薄になってしまった。

　ボラカイ島では近隣の島から出稼ぎ労働に来ている者も多く，私が習得していたイロンゴ語も西ビサヤ地方の共通語であることから比較的よく通じた。この地域言語の利点を活かし，フィリピン人労働者との関係を構築しようというのが私の当初の目論見だった。しかし，イロンゴ語で話しかける私に対して，フィリピン人労働者の対応は冷たいものであった。そう，彼らにとって私は自分のボスの友人であり，自分たちより裕福な外国人で観光客であり，積極的に親しくなるよりも距離を置きたいと思う存在であった。しかし，ロハスでのフィールドワークでフィリピン人たちと日々寝食を共にし，彼らの言語で語り，彼らの世界観を全身で受け入れることを誇りに思っていた私にとって，それは大きな精神的苦痛であった。その後も，諦めることなく話しかけ，ときには彼らの宴会に酒を差し入れ参加して，少しずつ距離は縮まってきたように感じられはするが，巻き込まれてしまった観光地の社会関係が生み出す根本的な距離感はいまでも埋まっていない。

3-3　ビーチリゾートの「終わりなき非日常」

　もう一点，ビーチリゾートのフィールドワークで感じたことは，

5）観光地にはゲストとそれを迎え入れるホストがいる。また，ホスト間には経営者と労働者という大きな区分があり，ボラカイ島では前者が外国人か裕福なフィリピン人，後者は決して豊かではない一般のフィリピン人という構図が成立している。

そこが非日常的な状況であるにもかかわらず，思った以上に退屈だということである。ボラカイ島は，世界中から訪れる観光客にとって，とても非日常的な要素に満ちた場所である。青い海と白い砂浜，ヤシの木が立ち並ぶ常夏のビーチ。その自然環境の美しさに加え，十分に観光開発も行われており，各国料理を提供するレストランやショッピングモールがそろっている。少し活動的であれば，ダイビングやセーリングといったアクティビティに挑戦することもできる。

　しかし，それほど非日常的な環境に囲まれながら，ボラカイ島の観光客は思った以上に単調な行動を繰り返している。日中は朝食と昼食，晴れていればビーチで泳ぐか，日光浴をするか，読書をするか，散歩をする。天気が悪ければ，宿の部屋やレストランで過ごす。名物のビーチフロントに沈むサンセットを眺めた後は，夕食に出かけ宿に戻り就寝するか，どこかで酒を飲んだり踊ったりする。この行動パターンが，滞在中毎日繰り返されるのである。

　ボラカイ島に滞在中，単調な行動のみを繰り返していると，新しい出来事に遭遇することは驚くほど少ない。何か困ったことや他人との諍いが生じることも少なく，おおむね平穏な時間の中で事件が発生することはめったにない。そして，その出来事や事件の少なさこそ，ビーチリゾートでフィールドワークを行ううえでの大きな困難ともなりうる。終わることなく繰り返す時間は，問うべき疑問を見出したり，調べるべき対象と出会ったりといった，フィールドワークにおいて重要な現場での「発見」の要素が少ない状況である[6]。

　私はボラカイ島でフィールドワークを続けるなかでビーチリゾートの「終わりなき非日常」に自分も埋没してしまい，ただ繰り返す単調な時間，何も起こらず何とも出会えない停滞の時期を過ごすことも多かった。フィールドワークをしていなければ，自分が余暇を

---

[6] もちろん，フィールドワークでは日常の繰り返しのなかから学ぶべき点が多いことはいうまでもない。そもそも日常を知ることなくして，事件に学ぶことなどできないだろう。

楽しみに来ている他の観光客と同じ存在であることに気づきもした。そのなかで，突破口を求め焦りながら機会を待っていた。

3-4　偶発的な突破口

　私のビーチリゾートでの調査は停滞していた。しかしそのようにフィールドワークがうまくいかないボラカイ島でも，ときに事件や出来事が生じることで，停滞の突破口となることもあった。

　たとえば，それは災害である。2019 年 12 月にボラカイ島を直撃した台風 Ursula によって，島内全域が数日にわたって停電し，年末年始の繁忙期の島内の観光は著しい被害を被った。ある程度の規模のホテルやレストランは停電時のために用意していた発電機を作動させ，営業を続けた。しかし，今度はその発電機を動かすための軽油が不足してくる。私の滞在していたホテルのオーナーは，備蓄していた軽油を少しでも長引かせるため，やむをえず計画的に発電時間を短縮することを宿泊客に告げなくてはならなかった。

　それはとても不便で，また不安な非常事態であった。しかし，そのような状況で私のフィールドワークは一気に忙しくなった。停電の間，発電機の燃料を確保するために，オーナーやスタッフと一緒に私もガソリンスタンドに通い並んだ。また島内を歩きまわり，被災状況を観察し停電の復旧の見込みや物資の輸送状況などを尋ねた。フィールドワークの観察や聞き取りのスキルを，このような災害の現場で用いることがあるとは思ってもみなかった。

　普段はやや距離のあるフィリピン人労働者との関係も，これを機会に近くなったように感じられた。災害という特殊状況においては，普段は明らかな観光地特有の社会関係も揺らいでいる。私はイロンゴ語でホテルの従業員たちとお互いの知りえた情報を交換し，ゲストに我慢を強いる説明の際に通訳や補足を行った。また，被災した彼ら自身の家屋や家族の状況を聞き，観光の背後にある彼らの生活を身近に感じた。

　台風被災によってゲストとの関係も変化した。同じホテルの宿泊

客とは台風直撃時の恐怖や計画発電の不便さを現場で共有したことがきっかけでお互いを知り，私が仕入れてくる被害や復旧状況などを伝えながら朝晩の食事を一緒に取るようになった。また，別のホテルの宿泊客と居合わすと，それぞれの被災状況や帰国までの見通しなど普段は語らないプライベートな情報を交換した。

　台風 Ursula 被災の数日間，観光活動が停止し，ホストにとってもゲストにとっても大きな被害と著しい不都合が生じていた間，私のフィールドワークは皮肉なことにとても忙しくなり有益な情報を大量に得ることができた。このような偶発的な突破口の訪れと，そこで利那的に生じたフィールドでの「つながり」を私は十分に活用し，分厚いフィールドノートを数冊も持ち帰ることができたのである[7]。

▍4　おわりに

　ここまで，私の人類学者としてのフィールドワークの経験を，呪術から観光へというフィールド間の移動から振り返ってきた。二つのフィールドはまったく異なっているようにみえる。前者は，悲しみや苦しみという負の感情に満ちており，後者では，人びとが幸せと喜びを感じながら余暇を過ごし，同時に観光というビジネスが進行している。しかしながら，その二つを並置し眺めたときに浮かび上がる不思議な共通点がいくつかある。それはここまで何度も強調してきたフィールドワークにおける「わからなさ」，そこから生じうる「つながり」，また偶発的に発生する「事件」である。

　呪術と観光，いずれのフィールドも私の想定を超える「わからなさ」を内包していた。それに向かい合い取り組み，いくつか何かがわかったとしても，その後に必ず謎は残される。「わからなさ」はフィールドワークにおける最大の困難でありながら，またその営み

7）台風 Ursula 被災のより詳しい状況については，東（2021：228-231）を参照。

を継続させる原動力ともなっている。

　そして，「わからなさ」へと向かう営みを繰り返すなかで「つながり」が生じることがある。他者との関わりの過程で，突然生じるそれは，温かく歓待に満ち大いなる助けとなる場合もあれば，重苦しく生々しく濃密でむしろ避けたいものかもしれない。しかし，フィールドワークにおいては他者と関わり続け，刹那で危うい「つながり」へとつねに開かれている必要がある。

　最後に，そのような不明で偶発的な営みとしてのフィールドワークにおける「事件」の重要性である。葛藤が様々な「事件」を日々引き起こす呪術のフィールドと，「終わりなき非日常」が継続するなかであるとき偶発的に「事件」が生じうる観光のフィールド。いずれも人びとにとって何が大切であるのか，何が問題なのか，またそれはどのように解決されるのかが浮き彫りになり，フィールドワーカーにとって学びや新たな問いを得る機会であった。

　各フィールドにおいて，「事件」の頻度や条件が異なっているとはいえ，それが偶然に発生すること，またそこに居合わせることや巻き込まれることも偶発的であることは共通している。「わからなさ」に向かい合い，ときに他者と「つながり」，その営みを繰り返すなかで突然訪れる「事件」をきっかけに何かを理解し，また新たな問いを立てていく。フィールドワークとはかくも偶然に左右され，偶然のなかにしか成立しえないものであろうか。

　そうであるとすれば，いま現在まさに投げ込まれているCOVID-19によるフィールドワークの中止という偶然も引き受けながら，再開という「事件」を待つしかないだろうか。二つのフィールドの移動の経験から，やはりたまたまたどり着くことができたいくつかの思想を糧に，私はこの先もすでに人生の一部となって久しいフィールドワークを続けていくのだろう。

【引用・参考文献】

東賢太朗（2011）.『リアリティと他者性の人類学——現代フィリピン地方都市における呪術のフィールドから』三元社

東賢太朗（2021）.「ビーチリゾートで調査をする——日常と非日常のあいだで」市野澤潤平・碇　陽子・東賢太朗［編］『観光人類学のフィールドワーク——ツーリズム現場の質的調査入門』ミネルヴァ書房, pp.217-233.

西井凉子・箭内　匡［編］（2020）.『アフェクトゥス（情動）——生の外側に触れる』京都大学学術出版会

Chapter 04

野生のフィールドワーク
実験室の外側で

市野澤 潤平

▎1 はじめに：文化人類学のフィールドワークは観光に似ている？

　文化人類学を単純に異文化理解の学と捉えると，人類学のフィールドワークが観光に似ているという指摘には，一理あると感じる。「異郷において，よく知られているものを，ほんの少し，一時的な楽しみとして売買すること」という人類学者の橋本和也（1999：12）による（マス）ツーリズムの定義は，文中の「売買」を「調査」に置き換えれば，そのまま文化人類学におけるフィールドワークの描写として通用しそうである。もちろん人類学者は異文化への深い理解を目指して調査に励むのだが，結果として得た理解は「ほんの少し」だと痛感するのも，また事実だ。また，人類学者がフィールドワークを開始する時点で調査対象に据えられるのは，外部者である彼のアンテナに引っかかる程度に「よく知られている」物事にとどまる。そして楽しみ——人類学者のフィールドワーク体験談としては苦労話が好まれがちだが，フィールドが楽しかった（少なくとも楽しい経験もあった）者が大半を占めるのではないか。こう考えると，「ほんの少し」や「楽しみ」が主目的でないとはいえ，確かに人類学のフィールドワークは観光に似ている。

　筆者は，人類学徒として過ごしてきた四半世紀のあいだに，主に三つの研究テーマ／調査対象について，長期のフィールドワークを実施した。すなわち，①バンコクにおけるセックスツーリズム（の舞台であるゴーゴーバー），②2004年インド洋津波後のプーケットにおける風評災害，③タイ南部における観光ダイビング，である。

これらのテーマ／対象は，事前の綿密な検討を通じて選定されたのではない。図らずも泥縄式に調査活動へと踏み入った経緯が，筆者の過去の著作のなかに見て取れる。

　　筆者は1998年から2001年にかけて，タイ国立チュラロンコーン大学（とアサンプション大学）に留学した。［中略］仏教に関する研究テーマを選び，できれば寺院での僧修行をしたいなどと夢想していたのである。では，それがなぜゴーゴーバーの研究をすることになってしまったのかというと，多くの人類学者たちにおける調査フィールド選定の例に漏れず，いわば成り行きである。それとも，偶然に触れることになった圧倒的な現実の前に打ちのめされたとでも言えばよいだろうか。（市野沢2003：3）

　　2004年12月26日，タイを含むインド洋沿岸を，スマトラ沖地震によって発生した大津波が飲み込んだ。［中略］この事態を受けて，被災地の状況を視察して欲しい旨の依頼が，国立民族学博物館から筆者の元に舞い込んだ。［中略］2005年1月のことである。筆者は，津波や災害については素人だ。しかし当時は緊急事態，災害専門家の手が足りないのなら［中略］微力ながら何らかの助力になればという思いで，被災したタイ南部の視察を受諾した。（市野澤2007）

　観光ダイビングのフィールドワークもまた無計画的な，インド洋津波に関わる調査の意図せざる副産物であった。調査の過程で知り合った現地プーケットの観光従事者のなかにダイビング・ビジネスの関係者がおり，彼らとの付き合いが次第に参与的な調査へと移行していったのである。筆者が専門の一つとする観光人類学の成立過程を振り返れば，これまた成り行き感が強い状況先行型の営為として始まったことがわかる。その意味では，筆者の情けない調査履歴

は，個体発生が系統発生を繰り返したようにも思えてくる。

> 近現代に特有の現象として隆盛したマスツーリズムだが，人
> 文社会科学における正統な学術調査の対象とされるには，1970
> 年代を待たねばならなかった。［中略］人類学者が渡航先に求
> めた現地住民という第一の他者に加えて，調査地において視界
> から消し去ることのできない第二の他者，つまり観光者に否応
> なく向き合わざるを得なくなったときに，観光人類学が誕生し
> たのだった。(市野澤 2022：9–10)

　本章では，このようなある種の無計画性に代表される，科学的
な目的合理性の信奉者からは断罪されそうないくつかの特徴／傾向
をもつフィールドワークを「野生のフィールドワーク」として総括
したうえで，その野生性が人類学的フィールドワークの特徴であり，
創造性の源泉となりうることを示唆する。

▌2　野生のフィールドワーク： 非‐実験室的な場における非‐実験室的な実践

　C. レヴィ゠ストロース (1976) は，20 世紀前半に滞在した南米
において，西洋近代とは異なる一見したところ不合理な思考を現地
の人びとの間に見出し，それを西洋文明と対極にある「野生の思
考」であると表現した。「野生の思考」とは単純にいえば科学的な
（目的）合理性とは相容れないようにみえる原理にもとづく思考の
体系である。たとえばトーテミズム。ある民族による，我々の祖先
はジャガーだのハゲワシだのといった信念や主張は，科学的な見地
からは荒唐無稽であるが，別の視座においては十分な妥当性をもち
うる（たとえば社会統合に資する象徴であったり，民族間の関係性
が投影された隠喩であったり）。つまり「野生の思考」という概念は，
科学的で目的合理的な思考によっては到達できない類いの合理性の
存在を示唆するものであった。

人文社会科学の研究におけるフィールドワークが目的的な営為であることに、異論を唱える者はいないだろう。同義反復的になるが、学術的に価値あるなんらかの達成を得るために、学術的なフィールドワークは実施される。この前提を完全に放棄したフィールドワークはもはや学術的な仕事とはみなせない。しかし他方で、上に示した観光人類学の成立経緯や筆者の個人的な調査経験は、その開始時点では必ずしも目的が具体的でないようなフィールドワークであっても、結果的に一定の学術的な価値を生み出しうることを示唆する。特定の具体的目標の達成に向かって科学的合理的に編成されるのではない、しかし結果的には学術調査としての成果を出せる「野生のフィールドワーク」が、存在しうるはずである。

　フィールドワークとは文字通り field での work だが、そもそもフィールドとは、ワークとは何か。フィールドワークは「野外調査」と訳されることがある。1992 年に出版されて人文社会系の研究者に大きな影響を及ぼした社会学者の佐藤郁哉（1992）によるフィールドワーク教本の副題は、『書を持って街に出よう』であった。しかしながら、フィールド＝野外という定式は、地理学などにはあてはまっても、多種多様な現場を含む人類学のフィールドワークの総体を包含するには不十分だ。工場や病院や企業のオフィスなど、ほとんど全行程が屋内で実施されるような現地調査も、人類学には珍しくない（その意味で、フィールドはオフィスの対義でもない）。

　筆者は、人類学者にとってのフィールドとは、野外も屋内もサイバー空間も含む広い意味での「場」であり、その「場」の特性は実験室（laboratory）との対比において説明できると考えている。実験室は、明確かつ限定的な科学的目的を達成するために、作業工程への撹乱要因を極力排除して設えられた、いわば「飼い慣らされた」場である。実験室で展開される科学的な探求においては、社会学者の G. リッツア（1999）が「マクドナルド化」と見立てたような、①効率性、②計算可能性、③予測可能性、④制御性が、高度な水準で維持される[1]。対して、集落であれ組織であれ空間であれ、

人類学者が入り込むフィールドは，調査目的や調査者の都合とは無関係に（調査企図に対してアプリオリに）成立しており，それがゆえに目的成就に向けた上記の四要素が欠落している，飼い慣らされていない「野生のフィールド」である。野生のフィールドは，それ自体に内在する目的や機能や歴史経路性に応じた態様で存立しており，ときに人類学者の調査にとって阻害的な環境として立ちはだかる。原生自然や野生動物と同じように，野生のフィールドは人類学者にとって，研究に役立つ資源であると同時にリスク要因でもある。

　さらにフィールド「ワーク」も理念的には，飼い慣らされた実験室的な営為と，飼い慣らされない非−実験室的な営為の両極において整理できる。大雑把にいうと，特定の目的達成に直結する（とみなされる）仕事や作業が前者であり，それ以外の活動全般は後者にあたるいわば「野生のワーク」である。人類学者は，20世紀初頭における B. マリノフスキーによるトロブリアンド諸島の調査などを模範として，現地に長期間住み込んでの参与的なフィールドワークこそが正統な調査スタイルだと捉えてきた。今日でも，文化人類学の博士号を取得するには，年単位の参与的な現地調査の実施が絶対条件となっている。村落共同体を調査するならその村に住み，企業などの組織体を調査するのであれば正式にその一員となるのが，人類学的フィールドワークの常道である。その多くの場合に人類学者は，ホームでの日常を離れて，新たな生活圏に身を置く。結果として，異郷を訪れた観光客のように，事前にリストアップした調査項目を明らかにするための情報収集活動だけでなく，食事や交流や休息や家事などの諸活動もひっくるめた新たな体験の総体を，包括的に「フィールドワーク」として捉えることになる。すなわち，一人前の人類学者になるための通過儀礼でもある博士課程の長

1）実験室の方法論が工場に持ち込まれて科学的管理法となり，さらにそれが徹底されて対人サービス業にまで拡張される動きを，リッツアは「マクドナルド化」と名付けたのである。

期「フィールドワーク」にあっては，仕事（目的合理性において飼い慣らされたワーク）と生活その他の局面（野生のワーク）が，未分化なのである。この未分化な実践としてのフィールドワーク観は，今日でも人類学者の意識に多かれ少なかれ根付いているのではなかろうか。そして，調査目的の達成に直接寄与する仕事とそれ以外の雑多な活動とが未分化である以上，人類学者によるフィールドワークに非 - 実験室的な要素や局面が含まれるのは，必然である。

　本章でいう「野生のフィールドワーク」が「実験室ワーク」と同じく理念型にすぎないことは[2]，強調しておく必要があろう。人文社会「科学」者を自認する人類学者は，当然ながら具体的なゴールを設定して目的合理的な調査を計画し，滞りなく遂行するよう心がける。全き野生のフィールドワークを志向する人類学者など，存在しない。しかし一方で，人類学者が行うフィールドワークには，非 - 実験室的な場における非 - 実験室的な実践という意味での，幾分かの野性味が排除されずに残される。というよりも人類学者は，目的合理的な効率性を度外視するような，非効率でときに無関係な，ひょっとすると阻害的ですらある要素や局面が，自らのフィールドワークに紛れ込むことに寛容である。それどころか，想定外の攪乱要因が調査過程に闖入することを望み，歓迎するような気配すらある——計画された予定調和が破綻するポイントに，刺激的な発見や知的創造の契機を見出すからだ。

3　野生のフィールドワークの創造性

　観光人類学の黎明期や筆者のフィールドワークにおけるような計

2）実験室の民族誌的研究は，現実の実験室内部における営為がじつは優れて野性的なものであることを，明らかにしている。そして近年の人類学者は，むしろ科学的生産や医療実践といった，実験室的であることが望ましいとされる営為の多くに，野生性を見出すようになってきた。

画性の欠如は，必ずしも無条件で棄却されるべきものではない。む
しろ人類学的なフィールドワークにおいては，無計画に事が動くが
ゆえの利点も時にはある。観光人類学も，筆者によるゴーゴーバー
のフィールドワークも，調査で赴いた異郷において図らずも目にし
た，当初の学術的関心とは無関係の現象を場当たり的にテーマ／対
象として選び取ることで，開始された。だからこそ，観光を「ホス
トとゲスト」の相互作用として捉えたり，売買春を経済取引として
分析したりといった，当時の学界の常識に囚われない新たな視座を
導出できたのではなかったか。野生のフィールドワークには，事前
の調査計画において設定されたゴールを動かす潜在力があり，予想
していたのとは異なる達成を導く創造性がある。ゴールおよびそこ
に至る道程が前もってみえている予定調和を破壊しかねない野生性
は，破綻と創造の両面を孕み，フィールドワークを極端な失敗ある
いは期待を超える成功，そのどちらにも導く可能性がある。少なく
とも，新たな問題や視座の発見を志向する探索型の調査では，フィー
ルドワークにあえて一定の野生性を導入してもよいだろう――いわ
ば計画的な無計画性である。

　本章ではここまで，野生のフィールドワークの質的特性として，
無計画性と未分化性を指摘してきた。別の言葉を使えば，科学的か
つ合目的的な用務にはあるまじき反‐マクドナルド性，すなわち①
非効率性，②計算不能性，③予測不能性，④制御不能性に塗れており，
かつそれを許容するのが，野生のフィールドワークである。さらに，
野生のフィールドワークは不確実であり，逸脱的であり，能動的で
も受動的でもあり，遊戯的であり，ときに無為的ですらある。野生
のフィールドワークを規定する非‐実験室性は，このように多岐に
わたる説明概念を並べ立てることでしかその輪郭を顕示できないが，
本節の以下の部分では紙幅が許す範囲で，野生のフィールドワーク
が包蔵する創造性の一端を例示してみたい。

　野生のフィールドは，不確実性と曖昧性にあふれている。まった
くなじみのない社会に放り込まれたフィールドワーカーには，そこ

で何がどう起こるかを予測するのは難しい。特に言語や習慣を異にする外国では，何かを見聞きしてもそれが意味するところが定かでない。2005年初頭，インド洋津波に襲われた直後のタイ南部を訪問した筆者は，まさにそのような先の読めなさと意味のわからなさのただなかにいた。ピーピー島では，行き当たる人びとの全てが被災者であった。手当たり次第に対話を試みるも，泣きながら南部方言で蕩々とまくし立てられ，満足に聞き取ることができない。さらにプーケットでは，バンコクからの移住者や在住日本人も多くて聞き取りはしやすくなったものの，今度は何を聞き出すべきなのかがわからなかった。そもそも災害研究の素人でありタイ南部の土地勘もなかった筆者は，調査の計画も準備もろくにしないまま現地を訪れていたからだ。仕方がないので闇雲に歩き回り，話を聞ける相手を少しずつ増やしながら，とにかく聞けることを何でも聞いた。日本からは多くの学術調査団がやってきていたが，筆者が接触する機会はなかった。彼らはみな，被害状況について的確な情報収集を行い，プーケットよりも被害の大きなパンガー県へといち早く移動していたのだ。しかし，災害研究の常道を知らずどこの研究チームにも属さなかった筆者は，一人プーケットにとどまって調査を続けるうちに，観光業における風評災害という重要な研究テーマに行き当たることになる（Ichinosawa 2006 ほか）。

　歴史を振り返れば，マリノフスキーによるトロブリアンド諸島での長期滞在は，第一次世界大戦が勃発したあおりを受けて，たまたま滞在していたオーストラリアからイギリスに戻れなくなったことに端を発する。別の例を挙げれば，人類学者の清水展によるフィリピンのピナツボ火山噴火災害に関わる一連の研究は，彼が現地滞在中に生じた出来事や人間関係に「巻き込まれ，応答してゆく」フィールドワークの帰結であるという（清水 2017）。研究の主題や全体の枠組みを一新するほどではなくても，情報収集の突破口となるキーパーソンや新たな論点を導く出来事などとのフィールドでの偶然の出会いが，研究を劇的に進展させることは珍しくない。年単

位の時間を費やす覚悟で調査フィールドに降り立った人類学者が，どこで誰に何を聞くかの具体的な作業工程図を描いているケースはまれであり，一般的には，いくつかの伝手をたどって人間関係を広げていけばやがて何かあるはず，という程度の漠然とした見通ししかもっていない。いわば犬も歩けば棒に当たるという楽観的な期待である。もちろん，歩く犬のすべてがやすやすと幸運にありつくわけではないが，自身を状況に開いて，予想もつかない何かを「待つ」うちに，セレンディピティが舞い降りる。だとするなら，創造的な人類学者の条件には，「待つ」ことへの意志と態度を継続できることが含まれよう。

　　待つことには，偶然の（想定外の）働きに期待することが含まれている。それを先に囲い込んではならない。つまり，ひとはその外部にいかにみずからを開きっぱなしにしておけるか，それが〈待つ〉には賭けられている。ただし，みずからを開いたままにしておくには，閉じることへの警戒以上に，努めが要る。〈待つ〉は，放置と放棄とは別のものに貫かれていなくてはならないからだ。（鷲田 2006：19）

　上の引用が指摘するように，「待つ」ことは受動的である一方，「努め」なければもちえない能動的な態度でもある[3]。筆者は，長期にわたるフィールド滞在を通じて人類学者が「待ち」続けられるのは，フィールドへの信頼に裏打ちされるゆえだと考える。不漁が続いても海に魚がいることを疑わない漁師（cf. 飯田 2008）と同じように，人類学者はフィールドを信頼する。人類学者とは，フィールドを信頼する者である。

---

3) 2021 年 3 月 20 日に立命館大学で開催された研究会「COVID-19 時代におけるフィールドワークの（不）可能性」では，石野隆美，遠藤英樹，橋本和也らがフィールドワークにおける能動的な受動性に言及している。

人類学者によるフィールドワークでは，能動的な勤勉と同じぐらい受動的な怠惰も重要である。つねに張り詰めていては糸が切れる，というのはもちろんのこと，調査対象を深く知るという点においても，対象たる人びとに働きかけずにただ「待つ」ことが効果を生む場合がある。筆者がタイのゴーゴーバーで調査を行った際，ゴーゴーバーという企業体の経営，とくにその財務面については問うことを控えた。ゆえに筆者の研究は，ゴーゴーバーを対象にしながらその経営についての知見がごっそりと欠落している。しかしその一方で，筆者はあえてそこを聞かなかったからこそ，その場に深く参与して情報収集を続けることが許されたのである。また，バーガールのライフヒストリーや価値観，彼女たちのビジネスにおける客には見せない「裏舞台」などについても，殊更に聞き出そうとしなかったからこそ知りえた内容は多い。

　「待つ」受動性や「しない」無為性に加えて，調査目的の達成にとっては無駄で逸脱的な行為も，野生のフィールドワークの特徴であった。フィールドにおける調査とは直接関係ない行動が，結果として調査の進展に大きく寄与した経験は，人類学者なら誰でももっている。人類学者のC.ギアーツは，滞在していたバリの村で賭け闘鶏が行われている現場に居合わせたところ警察の手入れに遭い，村人たちと一緒になって逃げ出した。そこから村人たちと打ち解けて調査が加速したというのは，彼がバリ闘鶏の意味世界を分析した著名な論文（ギアーツ 1987）で紹介しているエピソードである。つるんで悪事に参与して共犯意識をもつのは，現地インフォーマントとの関係性を強化するには格好の方法だろう（別の人たちとのあいだに軋轢を生むかも知れないが）。また，ときに調査を忘れて遊び，人との交わりを純粋に楽しむことも，セレンディピティを呼び込む。筆者の個人的な経験で恐縮だが，調査などそっちのけで遊びに没頭したことが，結果として研究にプラスとなったことは，多々あるような気がする。また，調査上の利益を見込んで頑張って築き上げた「人脈」よりも，気づいたらいつの間にかできていたような

人間関係の方が，後々有意義に作用しているように思う。

▌4　おわりに：実験室化への圧力に抗して

　会計監査文化（audit culture）が肥大する現代にあっては，人文社会科学のフィールドワークも実験室化していくことが求められる。科研費などの公的な研究資金を得るための申請書には，綿密な調査計画（成果が出ることを前提としたある種の未来予測）の記載が必須だ。明確なゴールと成功への具体的な見通しがない調査企図に対して，貴重な税金を支出することはまかり成らぬというのは，真っ当な資金分配の方針である。しかし一方で，科研費の申請書にはすでに成果の出た研究内容をさもこれから実施するような体で書いておくのが良い，といった「上に政策あり，下に対策あり」を地で行く語りが研究者の間で聞かれるのも，また事実である。世界は実験室ではなく，野生のフィールドを完全に飼い慣らすこともできない。であるなら少なくとも，人類学のように野生のフィールドでの調査研究が前提となる学問分野においては，事前計画を（着眼の良さなどでなく）緻密さや完成度のみに基づいて評価するのは避けるのが，学問的な誠実さであろう。

　計画しないこと，ただ待つこと，問わないこと，人脈を作らないこと，遊ぶこと——いずれも，特定の調査目的に照らし合わせて合目的的な行為／態度ではないかもしれないが，学術的価値が生み出された過程としては結果的に（または異なる次元において）合理的とみなせる可能性がある。他にも多彩多様にありうる非 - 実験室的な行動はいずれも，フィールドワークにおける野性味として創造性を発揮しうる（もちろんネガティブな作用をもたらす潜在力もある）。ゆえに野生のフィールドワークの完全な否定は，調査研究が生み出す拡がりを自ら制限するに等しい。世界が実験室でない以上，フィールドワーカーは野生性をどこかに残しておくべきだ。

　本章ではフィールドワークを，調査対象への何らかの有益な情報

や理解を得る（そしてそれを研究に活かす）という目的達成の手段と受け止めて、考察をしてきた。しかしそもそも、フィールドワークの目的が現地情報の入手という前提は、つねに堅持されねばならないのだろうか。思考を巡らすための環境だとフィールドを捉えて、現地での目的合理的な情報収集の努力を放棄する——そんな野生的なフィールドワークの価値が認められる時代は訪れるだろうか。

【引用・参考文献】

飯田　卓（2008）.『海を生きる技術と知識の民族誌——マダガスカル漁撈社会の生態人類学』世界思想社

市野沢潤平（2003）.『ゴーゴーバーの経営人類学——バンコク中心部におけるセックスツーリズムに関する微視的研究』めこん

市野澤潤平（2007）.「2004 年インド洋大津波後のタイ南部を歩く」東京大学東洋文化研究所ウェブサイト「アジア研究情報ゲートウェイ」〈https://ricas.ioc.u-tokyo.ac.jp/asj/html/047.html#intro（最終閲覧日：2022 年 3 月 24 日）〉

市野澤潤平（2022）.「観光人類学への招待」市野澤潤平［編］『基本概念から学ぶ観光人類学』ナカニシヤ出版, pp.1–12.

ギアーツ, C.／吉田禎吾・柳川啓一・中牧弘允・板橋作美［訳］（1987）.「ディープ・プレイ——バリの闘鶏に関する覚え書き」『文化の解釈学 2』岩波書店, pp.389–461.

佐藤郁哉（1992）.『フィールドワーク——書を持って街へ出よう』新曜社

清水　展（2017）.「巻き込まれ、応答してゆく人類学——フィールドワークから民族誌へ、そしてその先の長い道の歩き方」『文化人類学』81(3): 391–412.

橋本和也（1999）.『観光人類学の戦略——文化の売り方・売られ方』世界思想社

リッツァ, G.／正岡寛司［監訳］（1999）.『マクドナルド化する社会』早稲田大学出版部

レヴィ＝ストロース, C.／大橋保夫［訳］（1976）.『野生の思考』みすず書店

鷲田清一（2006）.『「待つ」ということ』角川書店

Ichinosawa, J. (2006). Reputational disaster in Phuket: The secondary impact of the tsunami on inbound tourism. *Disaster Prevention and Management*, 15(1): 111–123.

存在論的世界とフィールドワーカーの実存
徒歩旅行者に「生成」すること

橋本 和也

　調査地においてフィールドワークをするという営みには，二つの側面がある。一つは対象とする人びとや社会をホーリスティックに記述するという民族誌的な営みである。もう一つは，その過程で，その世界の人間や非－人間のあり方に触れつつ自分もその世界の一部となり，ともに生き，かつ同時にそれらを観察する営み，すなわち存在論的に認識されるべき世界において「人類学をする」という実存的な営みである。本論では，後者を中心に述べる。

　COVID-19（新型コロナウイルス感染症）と「アフターコロナ時代」がこれほど問題になるのは，高速で大量に移動する人とモノ・情報と同じく，病原菌もまた重要な存在として今日の世界を構成しているからである。この感染拡大状況下での移動自粛要請は，ホームにとどまらざるをえないフィールドワーカーにとって大きな痛手ではあるが，人類学研究者がフィールドで困難な状況に遭遇することは珍しいことではなく，前提が根底から覆される経験はよくある。1982年から南太平洋のフィジーでの調査を始めて，1987年5月に軍部によるクーデターが起き渡航が制限されたが，7月からの調査地をフィジー人海外居住者が多く住むオーストラリア・シドニーに切り替え，さらには9月にそこからの飛行便で戒厳令下の現地に降り立つことができた（橋本 2005：172-176）。知り合いの車で道路での検問をうけながら，倒された前政権の首相の演説会を聞きに行き，3週間ほど調査してシドニーに戻った直後に2回目のクーデターがあり，村の人びとが私の安全を心配したとの話を後で聞いた。しかし今回の新型コロナ感染症拡大の状況下では，予定していた地

域芸術祭の調査も開催中止で自宅に足止めされたままの状態になった。毎朝ほぼ決まった時間に自宅近辺をウォーキングするなかで，人類学研究者としてこれまでの研究と研究方法を再考し，フィールドにおける「歩くこと」と存在論的な「世界のあり様」について考えた。このような状況のなかにあって考えることこそが人類学そして学問の本来的なあり方であり，ホームにある研究者が，ホームで「人類学をする」絶好の機会となると考えた。

　私はこれまで，フィールドで様々な人びとと出会い，ともに生活をし，見て，感じ，語るなかで問題として浮かび上がってきたテーマについて話し，考え，民族誌としてまとめてきたが，フィールドワーカーとして「現地で，そしてホームで」生きること（実存的経験）について論文にすることはなかった。それを考えるきっかけとなったのは日本における「地域芸術祭」の調査（橋本 2018）であった。過疎地域でアート作品をつくること，鑑賞者・観光者が地域を歩くこと，作品に触れることはどういうことかを考えるなかで，ティム・インゴルドの『ラインズ──線の文化史』（2014 年），『メイキング──人類学・考古学・芸術・建築』（2017 年），*Ways of Walking: Ethnography and Practice on Foot*（2016 年）に出会った。

　インゴルドは『メイキング』のなかで，人類学と民族誌の仕事は両輪であるがまったく同じものではないという。人類学は，誰かとともに研究し，そこから学ぶことであり，人生の道を前に進み，その過程で生成変化をもたらすものである。それに対して，民族誌は何かに関する研究であり，何かについて学ぶことであり，記録するための記述であり，資料収集を目的とするものである。民族誌家は経験によって生成変化し，この変化は，彼または彼女が書くものに導入される（インゴルド 2017：16-18）。人類学することと民族誌の仕事は同じものではないが，インゴルドは両者に共通する要

素である「生成変化する主体」に注目する。対象社会の人びとがどのように語り，物事とどのように関わり，どう行動するのか。そして人びとや社会がどのように変化していくかについて記述することはあっても，フィールドワーカー自身がフィールド経験を通していかに「生成変化」したかについては記述してこなかったと指摘する。フィールドの状況はフィールドワーカーの介入も含めて生成変化してきたのであるから，フィールドワーカー自身についても語る必要があることになる。

　参与観察という鍛錬を人類学研究者は実践する。観察によって素材に関わり，知覚を研ぎ澄ませ，いま生じていることに従って，順々に反応していく。これが「参与観察」のやり取りとして知られる方法であり，訓練である。インゴルドは，参与観察は人類学の実践であって民族誌の実践ではなく，両者を人類学者は混同することで自身に害を及ぼしているという（インゴルド 2017：21）。また一方で社会学者の参与観察では「質と量」が混合され，参与観察が単なる質的データ収集のための手段だと考えられていると批判する。参与観察は，存在論的な責務（コミットメント）のなかで重視されるべきものであり，「内側から知る」方法である。自分がすでに世界の一部であり，自分が注意を向ける存在や事物とともに旅をする仲間だ，という理由からだけではなく，私たちにはそれらを観察することができる。参加することと観察することのあいだに矛盾は存在せず，一方が他方を補完している（インゴルド 2017：22-23）という考えは，研究対象となる社会に影響を与えることなく調査者によるデータ収集が可能であると考える研究方法を疑問視する。世界に取りこまれてある人類学者は，ホームと同様にフィールドにおいても生を営み，対象社会の生成過程に関わっていることを自覚する必要があると指摘する。

　インゴルドの以上の指摘を受けて，民族誌を書きあげることで変わる自分とフィールド経験で変わる自分とは異なるように思った。テーマに沿って書きあげる民族誌では，テーマの理論的な深化

または変容，すなわち世界理解のあり方が認識論的に変わるのに対し，参与観察では感覚的なレベルにおいて世界を感知するあり方が存在論的に変容する。世界内でのあり方が，すなわち家屋内での身の置き方から地面や空気の感じ方，裸足での大地の歩き方，食物の摂り方が変容する。フィールドにいる自分とホームにいる自分を常に往還しながら，自己のあり方の違いに意識的になる。今回のCOVID-19の世界的な感染拡大状況は，ホームにとどまらざるをえないフィールドワーカーにとって，自己の存在論的世界における実存的生成過程に注目する新たな研究が求められる機会となっているのである。

▌2 「人類学をする」こと：輸送ではない，狩人の徒歩旅行

　アバディーン大学で人類学，考古学，芸術，建築（Anthropology, Archaeology, Art, Architecture）の頭文字をとって「四つのA」と名付けた課程が2004年から始まった。それは「学生をよき狩人にするような試み」だと説明された（インゴルド 2017：33, 36）。その一翼を担った文化人類学者のヘオニック・クォンによれば，ロシア極東サハリンに住むオロチョン族は飼い慣らしたトナカイに鞍をつけて乗り，トナカイ狩りに出かける。彼らのとる小道は「腸のように曲がりくねり，いたるところで鋭角に折れ曲がり迂回している」という。狩人たちは道筋に沿って広がる風景とあたりに住む動物たちに絶えず注意を払い，あちこちで獲物を仕留める。その場に獲物を置き去りにし，後でキャンプ地に戻りながら回収する。狩人は獲物を回収すると，その屠殺体が換金される場所へとまっすぐ橇を走らせる。その橇道は「ほぼ一直線であり，キャンプと目的地の最短距離を結んでいる」という（Kwon 1998：118；インゴルド2014：127–128）。生が営まれるのは鞍をつけたトナカイに乗って行く道に沿ってであり，始点も終点ももたず，果てしなく続くその道は「地上旅行者のライン」となる。それに対して，橇道は輸送ライ

ンである。それは始点と終点をもち，両者を結び付ける。橇の上で
動物の死体は，殺された場所から流通し消費される場所へ「運搬」
されるのである。人間の身体を超える動力源の利用が「運搬」とな
るわけではない。狩人と動物・機械とのハイブリッドなネットワー
クが構築される場合は「徒歩旅行」となるとインゴルドは指摘す
る。オロチョン族の狩人はトナカイに跨っても徒歩旅行者であるし，
ヨーロッパの船乗りは帆を使っても海上旅行者である。両者ともに
道にそって現れる環境を知覚によって監視し，旅行者の動きは絶え
ずそれに反応する。彼は前進しながら凝視し，耳を澄ませ，肌で感
じ，その振る舞いを周囲に合わせよと促し続ける無数のわずかな合
図にも敏感になる。今日の徒歩旅行者は，オートバイ，スノーモー
ビルといった機械の力を借りることもあるという。

　ここにフィールドワークの重要な視点がみられる。あらかじめ
テーマを決めて対象地域に赴き，資料を回収することは「運搬」に
あたる。道に沿って現れる環境を近くで監視し，絶えずそれに反
応しながら振る舞い，周囲に敏感になって，何を明らかにすべきか，
何をテーマとすべきかを発見していく「徒歩旅行者」がフィールド
ワーカーである。これはまた「発見」をせずに「よく知られたもの
を確認」するために「運搬」されるだけの大衆観光者と，自らに「発
見」することを課す「徒歩旅行者」との違いに通じる。

3　歩きながら考え，道を辿りながら知が形成される

　インゴルドは，フィールドワークは歩きながら知を形成する作業
であるという。考えることと感じることは，出発点も目的地ももた
ずに，われわれの周囲の他者の動きとリズミカルに呼応し，その他
者と共有する旅，その他者の道を横切ることによって，形成途中の
世界を通して自分の道が形成されるのであり，その道を辿りながら
知が形成されるのである。動きは知に従属するのではなく，歩くと
いう動きが知る方法なのである。歩くあいだになされる観察と関連

付けて適切なナラティヴが語られ，何が起こるかが告げられるのである（Ingold 2016：5）。

　カナダ北西のチチョ（またはドグリブ）の大人は語らずにはいられない人びとである。何にでも昔にさかのぼる物語を見つけ，子供は毎日物語を聞いて成長する。それには教訓やお説教の目的を付与されることはなく，ストーリーはストーリーでメッセージはなく，年長者と若者が一緒に歩くことが重要視される。歩くことは，ストーリーという手段によって知を運ぶための付属物ではなく，ストーリーが知に転換される手段であり，先行者は後継者が追えるように足跡を残すのである（Ingold 2016：5-6）。この土地の人間と非人間の足跡は，世界内を歩くことによって形成される。表面を踏む，すなわちスタンプ（たんに押す stump）だけではなく，刻み込む（impression）のである。チチョでは先人の足跡を踏み辿り，そこに自分の足跡を混入させて共存の関係をうちたてる。居住者の足跡は記憶の足跡であり，知識と足跡は，身体的動きとその刻み込み＝痕跡の関係となる。知識と足跡が同等ならば，知識は行うことであり，行うことは仕事を達成することとなる。ナラティヴ記述とウォーキングとは類似しており，テキストのラインに沿って語が語のあとについてくるのと同様に痕跡に沿って跡が跡についていく。ナラティヴ記述と歩行とのアナロジーが成立するとインゴルドはいう（Ingold 2016：5-6）。

　このチチョの事例は，フィールドワーカーの歩きとその知の形成に重なる。フィールドワーカーは調査地の大人から単に情報を得るのではなく，メッセージなしのストーリーを聞き，そこで成長をするのである。年長者と一緒に歩くことが重要で，歩くことでストーリーが知に転換されるのを待つ。すなわちストーリーを歩くのである。

4　フィールドで歩く経験が私を鍛え，創る

　今回の執筆を機会に 1982 年のフィジーでのフィールドノートを見返した。それは渡航から 1 ヶ月経って何とか落ち着いた 4 月からはじまっていた。首都スヴァ市の広場で建物の竣工式が行われており，高貴なチーフに大きな草木や貴重品，木製の椀に入った飲み物が贈呈された。その後何十回とこのセヴセヴ（歓迎）儀礼を観察し自ら体験もしたが，その最初の機会であった。4 月のイースター休暇に，親しくなったホテル従業員の親戚（ある地区の副知事）の家を訪問した。皆が寝ようとしていた夜の 11 時に，家長の副知事がヤンゴナ（胡椒科の木の根の飲料）を飲もうと提案した。その家の長男と私は村を割って走る幹線道路まで降りていき，近くの家から鉄の容器と棒を借りてヤンゴナの根を搗いて粉にした。車を避けながら，鉄の棒をドシンと搗き，あげるときに容器の内側をカンとならす。深夜にドシン，カンとリズムよくヤンゴナ搗きの音を響かせた。30 分後，みながヤンゴナ容器（タノア）のまわりに着席し，父親がホストとして日本（チャパニ）から来た私のためにセヴセヴ儀礼のスピーチをしてくれた。儀礼の様子を撮影しようと移動した私に，父親が注意をした。動くときはヤンゴナ容器の縁を触り，手を 3 回叩き，敬意を示して行動するようにとのことであった。ここで儀礼についての一通りの知識を教えてもらった。

　最初の出会いから調査地の決定まで，すべてがこのような偶然の出会いと縁に身をまかせて進んでいった。5 月には先の家の長男が務める営林所の宿舎を訪問し，一家の出身地が伝統的な三大勢力圏（マタニトゥ）の一つであるバウ島の隣りにあり，キリスト教伝道で由緒のある島であることがわかった。そこを私の調査地にしたらどうかという話が進み，スヴァに住む彼の弟に連れて行ってもらうことになった。5 月末の金曜日の午後から翌日の午後まで島への最初の訪問をした。途中で 1 度バスを乗り換えスヴァから 1 時間半でバウ島前まで行き，学校帰りの子供たちを待った。干潮時だっ

たのでみなサンダルや靴を脱ぎ，沖に止まっているボートに向かって100メートルほど歩いたが，裸足にサンゴの角が当たり飛び上がるほどの痛さであった。40分ほどで島に着き，やはり足に痛みを感じながら50メートルほど歩いて陸に上がった。坂を登り，尾根道を200メートルほど行くと丘の上に大きな教会があった。その下に20軒ほどの家が3段になって広場を囲むようにきれいに半円に並んでいた。丘の並びにある錆びたトタン屋根に壊れたスレート張りの壁の一軒に案内された。夫婦と男の子が二人の家だった。そこに6月18日から1年以上にわたって本格的に世話になった。夕食の準備が終わったところで，私はヤンゴナの束をスピーチなしで贈呈してしまった。それを受け取った父親が受け手のスピーチを行った。続いて順番を間違えた私が覚えたての贈呈のスピーチを行ったが，父親は心配そうに私の言葉に合わせて自分の口を動かしていた。

フィールドワーカーは子供との会話で現地語を修得し，大人とともに村を歩き，畑を歩きながらフィールド世界へ導かれる。ブッシュのなかの一見雑草ばかりにみえる畑のまわりにはヤシやパパイヤの木がある。主食のタロイモやキャッサバは列になったマウンドにきれいに植えられているが，ナスやトマトは雑草のなかに離れ離れに植えられていた。畑は意外に豊かであった。その先の森のなかでは木の霊や不思議な存在に出会ったという話をよく聞いた。石蒸しオーブン（ロヴォ）用の薪をマングローブの密生地に取りに行ったときは，ぬかるむ泥に入って薪を船に運んだ。木を水に落としたとき，その木が水に沈んだことがノートに記されていた。ロヴォ用の薪は石を長時間熱するため堅い木がよいと教えられた。草の中にできた人一人が通れる細い土の道を歩く感覚，深夜灯油ランプの明かりのなかを起きて外で漆黒の闇に向かっての小用，浩々とした月明かりのなかで自分の影を踏む経験が重なっていく。海の満ち干が生活のリズムを刻み，トイレの時間を規制する。浅瀬の海に突き出た小屋を共同で使用するが，干潮時は避けるようにした。満潮時は海水が満ちて小屋の床から泳いでいる小さな魚を見ることができ快

適だが，引き潮のときには排便が積もり山になっている。海を見渡し，干潮と満潮とを見極めつつ生活と腸のリズムを調整していた。

　この経験は人間のあり方を相対化する一つの基盤となるものである。このような日常を当然として過ごす生活世界のあり方，その日常をともに過ごすことによってその世界での感じ方，あり方を実感として受けとめることを可能にする。

5　存在論的「ホーム・フィールドワーク」：「動物に生成する」廃墟歩き

　最後に「ホーム・フィールドワーク」の可能性のヒントとなる事例を考えてみよう。先の「狩人」は，動物の動く方法・道と，動きが地面にどう記されるのかを正確に理解することが求められた。痕跡から動きを再構築する狩人は，動物の足と同じように大地の感覚を発達させる。羊飼いたちも同様に動物とともに歩くことで，羊の目を通した世界をありのままに見，動きながら生草を食べるリズムを理解する（Ingold & Vergunst 2016：11）。ホームでのフィールドワーカーがウォーキングの途中で林のなかで聞く鳥の声を聞き分ける感覚を磨くことも，その訓練になろう。3月から7月過ぎまで鶯の声が丘の藪から聞こえる。口笛で鳴き声をまねると一つの声が応じ，それに呼応して隣の藪でも鳴きはじめる。中には見事な谷渡りの声もあるが，まだおぼつかない鳴き声もある。実は，侵入者を警戒し追い払おうとしていたのであろうが，事情を知らないウォーカーは自分を迎えてくれた声だと勘違いして喜ぶのである。

　都市居住者が産業廃墟を歩くときに，狩人のように感覚が鋭く研ぎ澄まされる様子をティム・エデンサーは描く（Edensor 2016）。第一に，産業廃墟での即興歩きは，直線的通過を邪魔する道で場所の脱親密化や歩く身体の力を弱める危険を察知させる。第二に，感覚的特徴として，廃墟のもつ特殊なアフォーダンス，通常ではない様々な物質性，一連の感覚的経験，歩く身体にとって馴染みのない状態の強要を感取する。第三に，通過する環境を注視する特別な

方法と，歩くことと見ることの特性についての思考を招く。そして第四に，廃墟を通過するという解読しがたい断片化した経験は，既存の歩きとナラティヴの隠喩的関係を批判するものとなるという（Edensor 2016：123）。都市での通常の歩きでは，規則的で馴染んだ空間の物質性と感覚性が通常のパフォーマンスの混乱を最小限にする。強い刺激臭や大きな雑音は減じられ，無菌処置や無臭化された「ブランド・スケープ」は，まさに去勢化された都市の様相を示す。それに対し廃墟歩きは，通常の常識的な内と外，過去と現在，田舎と都市，自然と文化という境界を崩壊する。内部であった空間に草が生えて動物が入りこみ，時間が複合化し，非人間の生と新たな生の形に満ちている。見捨てられ脱中心化された空間は，理解されることのない過去に満ちており，感覚が場所化され，感覚が場所を作るという。見知らぬアフォーダンスに満ちた空間はドゥルーズとガタリ（2020）がいう 'becoming animal'「動物に生成する」契機となる（Edensor 2016：132）。廃墟歩きは，とりわけ複雑な時間性を明るみに出し，先に述べた時間軸上を継起的に生起するナラティヴの限界に気づかせるという。同じ場所が別のパースペクティヴに横断されて時間的・物理的な直線性が途切れ，一貫した時間的つながりで構成されていないのである。

　この廃墟歩きにおける狩人のような感覚をもって，「地域芸術祭」を歩くことを最後に提案したい。人工物ばかりの都市空間に現代アートという人工物が置かれても感覚が研ぎ澄まされることはない。自然のなかに突然現れる人工物（5メートルを超える窓枠や額縁）は山や海の景観を切り裂き，新たな感覚を切り拓く。人間の視覚に挑戦し，暗闇や眩しい光のなかを歩かせ触覚を鋭敏にさせる作品や，民家のなかに大きな滝が流れ落ちる作品は，日常の感覚を戦慄させる。そして過疎地の景観のなかに戻ると，そこは非人間と人間の生に満ちた時間・空間となってあらためて感知され，現在と過去，そして未来が交差する場を歩く経験となるのである。

【引用・参考文献】

インゴルド, T.／工藤　晋［訳］・管啓次郎［解説］(2014).『ラインズ
　　──線の文化史』左右社

インゴルド, T.／金子　遊・水野友美子・小林耕二［訳］(2017).『メイキ
　　ング──人類学・考古学・芸術・建築』左右社

ドゥルーズ, G. & ガタリ, F.／宇野邦一・小沢秋広・田中敏彦・豊崎光一・
　　宮林　寛・守中高明［訳］(2020).『千のプラトー──資本主義と分
　　裂症 中』河出書房新社

橋本和也 (2005).『ディアスポラと先住民──民主主義・多文化主義とナ
　　ショナリズム』世界思想社

橋本和也 (2018).『地域文化観光論──新たな観光学への展望』ナカニシ
　　ヤ出版

Edensor, T. (2016). Walking through ruins. In T. Ingold & J. L. Vergunst
　　(eds.), *Ways of walking: Ethnography and practice on foot.* London
　　and New York: Routledge, pp.123–141

Ingold, T. (2011). *Being alive: Essays on movement, knowledge and
　　description.* London and New York: Routledge.

Ingold, T., & Vergunst, J. L. (eds.)(2016). *Ways of walking: Ethnography
　　and practice on foot.* London and New York: Routledge.

Kwon, H. (1998). The saddle and the sledge: Hunting as comparative
　　narrative in Siberia and beyond. *The Journal of the Royal
　　Anthropological Institute* (*N.S.*), 4: 115–127.

非在のフィールド，不在のフィールド
パンデミック下の日常から考える

寺岡 伸悟

▌1　はじめに

1-1　パンデミック下の日常

> （2020 年）3 月 7 日。奈良女子大学に合格しました。第一志
> 望だったので，泣いて喜びました。翌日スーツを購入しました。
> 次いで，一年間辞めていたツイッターを再開し，新たな学友と
> のつながりを持つようになりました。今思うと，このいつ終わ
> るとも知れない自粛期間に入る前から交流を持てたことは，非
> 常にありがたいことでした。
> 　入学手続きを終えてからは，友人と大いに遊びました。そ
> の一方で，〔新型〕コロナウイルスも広がりを見せてきました。
> 旧友と最後に会ったのは，同月の 24 日でした。不穏な空気が
> 漂う中，私はこの期間を切り抜ける新たな武器を手に入れまし
> た。それは，ニンテンドースイッチです。依然外に出られない
> 日々は続きますが，電源を入れればそこには無人島が広がって
> いました。ゲームのなかで，しばらく会えていなかった友人と
> 遊ぶ時間は鬱屈した心を晴れ晴れとさせてくれました。
> （西暦年は引用者）（文学部学生支援委員会 2020：19）

　この文章は，新型コロナウイルス感染症（COVID-19）が蔓延し
はじめ大学の対面授業が休止となる混乱のさなかにあった 2020 年
4 月下旬，新入生に依頼して大学合格から「現在」（2020 年のゴー

ルデンウィーク頃）までの日々を記してもらった文集の一部である。
46人の新入生が2020年のゴールデンウィーク明けに文章を提出し
てくれた。未曾有の状況のただなかにあった若者たちの記録として
将来貴重な意味をもつだろう。文集は「パンデミック下の「日常」」
と名付けて公開されている（文学部学生支援委員会 2020）。

　新型コロナウイルス感染症は私たちの日常生活を大きく変えた。
日本企業の労働環境改善に人生を賭けてきた一人の幼なじみからは，
これまでいくら頑張っても変わらなかったことが一瞬で変わったよ，
と自嘲気味のメールが届いた。

　ここで断っておきたい。社会学者である筆者のフィールドは勤務
地のある奈良県を中心とした日本国内が大半である。それも地域レ
ベルの日常生活で起こる様々な課題，いわば自分もその一部である
ような身の回りのことがらを研究している。本章はそうした狭い経
験のなかで感じ，考えたことの2021年6月現在の覚え書きである。

1-2　新型コロナウイルス感染症が日常生活にもたらしたこと

　新型コロナウイルス感染症は物理的な近接や接触を極度に制約
した。「触れあうことがはばかられる時代」（渡邊 2020）の到来は，
見方を変えれば，近接や接触がこれまでの私たちの社会で果たして
いた役割を明らかにした。どんな社会実験でも体験できない世界に
私たちは投げ込まれた。そして私にとってそれは，「非在」や「不
在」という感覚を，かつてないほど強く感じる経験だった。

▌2　「非在」のフィールド

2-1　校舎という空きビル

　新入生たちが「パンデミック下の「日常」」を生きていた頃，私
は自宅と大学が近いことやインターネット環境の点から，よく大学
に出勤して遠隔授業の準備を行っていた。普段ならサークルの新入
生勧誘の声が響きわたり若者たちで賑わうキャンパスは不気味に

静かで，ただ奈良公園からやってきた鹿たちだけが草をはんでいた。大学が死んでしまったようなあの風景は，一生忘れないだろう。教育制度を具現化する重要な役割を果たすと考えられてきた校舎や教室（西村 2005）は，その機能を剥がされた空きビルのようだった。2020 年春当時の筆者にとって，その風景は，大学という場所が教育現場というリアリティを喪失しただけでなく，これまで自分が「現場」と思い込んでいたもの自体の非在性を示唆しているようにすら感じられる，恐ろしい風景だった。

　しかしそうした間にも，一方で学生たちの「日常」では，オンラインでの学習やサークル勧誘も行われていた。また彼女たちは美しく広がる「無人島」で友人と行楽を楽しんでもいたのである。

2-2　非在と不在

　存在しないことを表現する言葉はいくつかある。中国語と日本語で用法も異なるそうだ。日本語で「非在」とは，そもそもなかったもの，そしてこれからもありえないものを意味するという。一方「不在」とは，本来あるべきものが一時的に欠けている，という意味だという。「不健康」とはいうが「非健康」といわないようなものだろう。キャンパスにおける学生たちの「不在」とネット空間での「存在」が，校舎やキャンパスに象徴された「教育現場」というものの「非在性」をあらわにしたように思えた。空きビルのような校舎にたどり着くたび「ここは何なのだろう。これでいいのだろうか」という違和感や割り切れなさがわき起こったことを覚えている。米国のエスノグラファーであるクラインマンとコップは，そうした違和感や割り切れなさにフィールドワーカーがしっかり向きあってエスノグラフィーを執筆することを訴えている（クラインマン＆コップ 2006）。自分の感情を導き手として分析を進めなさい，と彼女たちは説く。私は，2020 年に抱えた違和感や割り切れなさなどの様々な感情を導き手とし，この非在の扉を開けてその先へと進むことができるだろうか。

3 「不在」のフィールド

3-1 フィールドからの「不在」

　私が奈良県を中心とした地方都市や中山間地にフィールドワークに通うようになったのは1990年代からで，もう20年ほどになる。週末になればそこの農産物直売所に夫婦で買い物に出かけたり，逆に，私の自宅近くの商店街でフィールドの人に偶然出会い，世間話に花が咲くこともあった。誰かが病気になったと聞けば病院まで見舞いに行ったり，通夜に出向いて涙を流したことも一度ならずある。インフォーマントの一人だった村の女の子が，中学，高校を卒業して私の大学に入り，やがて卒業していった。そのあたりは自然災害の多い地域で，土砂崩れで畑が埋まったときも，すぐ駆けつけて慰めたりした。あるフィールドは孤立集落や無医状態になったこともある。しかし，家族ぐるみの，少し離れたご近所づきあいのつもりだったのである。

　ところが，新型コロナウイルス感染症は私とフィールドとの往来を途絶えさせてしまった。自然災害のときでも未経験の状況だった。「ご近所づきあい」で喜怒哀楽を共にしているつもりだった私が，フィールドワーカーという他者であることを，新型コロナウイルス感染症ははっきり示した。自治体からの依頼で集落調査に入っていた場所からも，しばらく来ないでほしいとの連絡が届いた。

　感情のフィールドワーク論者なら，フィールドから断絶されたこの感情をどのように研究に昇華するだろうか。フィールドの誰かから敵視されて距離をおいたのではなく，人びとの自発的な行動を好ましく思い，それを尊重するために意識的に距離をとって見守ったのでもない。調査者でも被調査者でも，フィールドでもない次元の力が，私たちは同じ場にいないことをあらわにしたのである。

3-2 フィールドにおける「不在」

　また，この「不在」にはもう一つの面がある。新型コロナウイル

ス感染症によってフィールドに出向けなくなったということは，異常な状況におかれたフィールドの人たちの「パンデミック下の日常」を共有することができなかった，ということでもある。フィールドの日常を構成していたものの不在，それはたとえば往来者の不在である。たとえ山間の村であっても，親類，各種の業者，旅行者，通過者など多数の往来のなかにあることが地域の常態である。それが停止または極度に低下した状況にあるフィールドで，何がどう変わり，人びとはそれをどう経験し，乗り越えようとしたのか。それは，たとえば自然災害時の孤立集落や無医地区として彼らが経験する「不在」状況とどう異なるのか。私はフィールドを新たな角度から理解する機会を逸してしまった。いつか，再びこうした状況が訪れたとき，私はどうすればこの不在を越えていく橋を架けることができるのだろうか。

┃ 4　存在と空間

4-1　「有る」とはどういうことか

　新型コロナウイルス感染症の下で非在や不在を感じた私は，そもそも「存在」＝「有る」とは何かをあらためて考えるようになった。特に地域のコミュニティを調査対象とすることの多い私にとって，あらためて人やモノが「有ること」を，空間や場所との関わりで考える時間となった。

　空間や場所の本質に関する議論は，多くの思想家たちによって行われてきた。そしてその多くは，モノや人が「有る」とはどういうことかを問う存在論との関わりで論じられているという。だがそうした哲学的議論はとても難解で，私には十分理解できたように思えない。

　ただ，哲学者・西田幾多郎が場所について書いた一文は，今の私に深く響く。西田はその著書『働くものから見るものへ』のなかで「場所」という章を設け，多くの紙幅を割いて「有ること」と「場」

の不可分性を詳細に論じている（西田 1949；初出 1927）。Xが何であるかということは，それが「に於いて」有る場によって定まる，つまりXが何かを知るとは，それがどんな場「に於いて」有るのかを見ることである，と。

4-2　空間は重層する

　こうした西田のいわば「存在と場の不可分論」は，私の研究分野に近い研究者たち，たとえば現象学的地理学者たちの問題意識と根本的な部分でつながっているように思われる（ボルノウ 1978；トゥアン 1993）。そのなかの一人，エドワード・レルフは『場所の現象学（*Place and Placelessness*）』で，存在論の立場から地理学者らしく空間を考察し，空間が重層的にあること，またそうした空間どうしの支え合いに存在論を還元するような仕方で次のように語る（レルフ 1999）。

　私たちの社会の公共性や社会的役割が有る空間群は，アイデンティティや諸々の感情が有る知覚の空間が支えており，さらにそれを下支える空間が層を成すようにして存在している。その空間層は，それを下支えする方向へと向かうほど，人間が原初的・生態的に有る空間，あるいは地形や町の形状などが有る，物質的な空間へと近づいていく。

　コミュニティ愛着の感情についても，レルフは，地理的境界より人びとの関係上で生じる愛着のほうが，彼らにコミュニティという「場が有る」感覚をより強く生じさせることを十分に認めながら，しかしその次元だけが過度に強調される傾向を懸念する。レルフはいう。それら「場」の存在を下支えしながらそれを形づくる空間・場の存在も研究の視野に入れるべきだ，と（レルフ 1999）。たしかにその言葉は，いま私たちが新型コロナウイルス感染症によって目にした光景の変貌，そこにおける人やモノがそれまでみせなかったあり様を示したことなどを鋭く照らしだすかのようだ[1]。そこで私は，後の議論のため，「Xがいまxとして有ることができる空間」

を下支えする空間群を，Xの「基底（空間）」という言葉で仮に記
しておきたい。

4-3　場を剥がす

　繰り返しになるが，新型コロナウイルス感染症は近接や接触が極
度に減衰した社会の姿をみせてくれた。再び私の印象に残っている
出来事をいくつか書いてみたい。

　2020年春，私は，客足が遠のいた地元の商店を少しでも支援し
ようと，近くの酒屋で地酒を購入し友人に贈ろうとした。すると店
主が，これは内緒だけど，といって宅配システムが現在機能してい
ない地区一覧のファックスを見せてくれた。そこには東京23区内
のよく見知った地名が次々と並んでいた。東京の一部は宅配が届か
ない「孤立集落」のように見えた。

　また同じ東京23区内の路上では，新型コロナウイルス感染症に
罹患した人が，医療機関に診てもらえず，行き倒れて亡くなった[2]。
そこに「無医地区」が現出していた。

　今回のコロナによって東京で現出した「孤立集落」や「無医地
区」は，普段その空間が，情報と流通の組み合わせからなる空間
〈に於いて有る〉場であることを示した。また冒頭で紹介した新入
生たちは，教育は校舎やキャンパス〈に於いて有る〉のではないこ
とに気づいた。学生たちから，これからも遠隔授業でかまわない
という意見が出たのは自然なことだといえる。彼女たちの教育や
交友はインターネット空間〈に於いて有る〉。以前ある学生が「私
ZOZOTOWNに住んでるんです」と言ったことを少し苦々しく思

1）レルフやボルノウに西田哲学を重ねて空間を考察するアイデアについては，
　　丸田一の著作（丸田2008）に拠っている。大きな示唆を得たのでここに
　　特に記して感謝したい。
2）「〈新型コロナ〉路上突然の最後　都内の66歳男性，死後に感染判明」
　　2020年4月24日『東京新聞』Web版〈https://www.tokyo-np.co.jp/
　　article/17062（最終閲覧日：2022年3月25日）〉

い出したりした。いわば，場が剥がされた，のである。

　一方でこんな例もあった。寺社の多い奈良では多くの祭礼行事が行われる。近年は多くの観光客が集う観光行事と化しているものも多い。しかし新型コロナウイルス感染症の影響で，観光客の入場は禁止され，祭祀だけが実施されるかたちがとられた。場は剥がされ，結果として聖俗の区分が顕わになった。祭礼は信仰〈に於いて有る〉存在に立ち戻った。

　しかしこれらのエピソードは，インターネット空間や信仰空間が，現代社会の「基底」であるということではないだろう。たとえば私たちは ZOZOTOWN に住むことはできない。巣ごもり生活を支えるのは，情報回線網などのインフラストラクチャー，製造から加工，そして宅配に至る物質的かつ情報的な異種混交の仕組みである。

4-4　そうなりえる可能性

　新型コロナウイルス感染症は，社会が「そうなりえる可能性」を現実にして見せた。こうした「特殊な状況」を研究する意義は，たとえば逸脱研究で語られることと一見，似ている。

- ・逸脱を研究することで，ふだん社会が「正常」としているものを相対視できる。
- ・逸脱空間のなかにも，秩序や合理性が生まれることを示すことができる。

　これらは，自然災害における被災地や，犯罪集団の研究などによくあてはまる。しかし新型コロナウイルス感染症が可視化した光景は，被災地や犯罪集団の社会とは異質である。なぜなら，前者の場合，他所から救援がやってくる，後者では，マジョリティ社会はあくまで併存しているからである。社会システムの「綻び」は，社会的・地理的に境界づけられてはいるが「日常」や「正常」と同じ次元の空間である。被災地は「非被災地」と，問題地域は「非問題地

域」と，区切られることでつながっている。

　しかし新型コロナウイルス感染症は，これらとは違ったかたちで社会のありようを見せてくれた。繰り返しになるが，「そうなりえる可能性」，いわば「可能態」を見せてくれたのである。

4-5　「現在」のフィールドワーク

　これまでのフィールドワークとは何だったのだろうか。私はいま便宜的に，それを「現在のフィールドワーク」と呼んでみたい。「現在」という言葉には，時間的な現在と，見られるまま，理解されるがままにある「現（存）在」という二つの意味を含んでいる。研究対象である人びとの主観的世界や客観的状況を理解し，私の場合であれば，彼らに困りごとがあれば，積極的に関わりリサーチを通じて支援する。これが「現在のフィールドワーク」だ。そこに「可能態」までもみようとする意識は，私にはなかったのだ。

　パンデミックがあらわにした社会は，これまでのワークが彼らの生（存）の限られた次元にしか届いていなかったことに気づかせてくれた。コミュニティの将来像を語ることはここでいう「可能態」とは次元が異なる。これまでと同じ空間とその延長上にあるもの（あったもの）だけを読み解こうとするかぎり，調査者が行うフィールドの解釈も，当事者が自らの生に対して行う解釈も，「今・ここ」のモノや自分たちの「明日」に向かって，それぞれが蓄積してきた経験や知識を心理的に投影するだけの反射的行為に過ぎなかったのでは，と今では思えてくる。はたして「非在」や「不在」，そして「現在」を超える地平に於いて，フィールドワークは有るのだろうか。

▌5　「未在」のフィールドワークへ

5-1　「未在」という言葉

　存在しないことを意味する言葉のなかに，もうひとつ「未在」という言葉がある。修行の終わりは「未だここに在らず」という禅語

であるらしい。が，それは，そうなりうるかもしれない状況＝可能態の存在を強く示唆する否定語である。パンデミックは，フィールドの未在（可能態）と向き合うことを私たちに示している。眼前のフィールド空間を見るだけでなく，未在のフィールドもワークすること。そうしたフィールドの可能態をもフィールドワークするということは，前述したように，その場の「基底」を意識してフィールドワークすることではないだろうか。そうすれば，私たちは従来のフィールド解釈を超え，調査者自身も含めた，場や人，モノの存在の意味やその可能態に届く未在のフィールドワークに向かうことができるかもしれない。

5-2　新型コロナウイルス感染症から学ぶ

　新型コロナウイルス感染症は，感染力は強かったが毒性は弱かった。したがって近接や接触の完全な停止までには至らなかった。その結果，「場を剥がす」度合いも「ある程度まで」にとどまったといえるだろう。エボラ出血熱のような強毒性ウイルスは，発症してすぐ倒れる（移動できなくなる）ので拡散のリスクが少ないという。しかし新型コロナウイルス感染症が，今回，発症前にも感染するという異例の性質を帯びていたことを改めて想起したい。もし，新型コロナウイルス感染症の毒性がエボラ出血熱のように強いものであったなら，果たして世界はどうなったのだろうか。それとも，ほどなくワクチンが行き渡れば，そんなことは忘れ，私は以前どおり「現在のフィールドワーク」に再び精を出すのだろうか。そうした可能態や基底の存在を垣間見せてくれる新型コロナウイルス感染症は，ある意味優れて「教育的」であると思う。私は，それが与えてくれた経験教材を糧に，フィールドやワークを，新たな深い視線で観察し，問い直してみたい。これからは未在のフィールドワーカーであれるように。

【引用・参考文献】

クラインマン, S. & コップ, M. ／鎌田大資・寺岡伸悟［訳］(2006).『感情とフィールドワーク』世界思想社

トゥアン, Y. ／山本　浩［訳］(1993).『空間の経験――身体から都市へ』筑摩書房

西田幾多郎 (1949).「場所」『働くものから見るものへ』岩波書店（『西田幾多郎全集』第 4 巻所収), pp.265–373.

西村大志 (2005).『小学校で椅子に座ること――〈もの〉と〈身体〉からみる日本の近代化』人間文化研究機構国際日本文化研究センター

文学部学生支援委員会［編］(2020).「2020 年度文学部 1 回生の経験文集――パンデミック下の日常（入学前後からゴールデンウィーク）」『奈良女子大学文学部研究教育年報』17: 3–34.〈https://opac2.lib.nara-wu.ac.jp/webopac/TD00281235（最終閲覧日：2022 年 3 月 25 日)〉

ボルノウ, O. ／大塚恵一・池川健司・中村浩平［訳］(1978).『人間と空間』せりか書房

丸田　一 (2008).『「場所」論――ウェブのリアリズム，地域のロマンチシズム』NTT 出版

レルフ, E. ／高野岳彦・阿部　隆・石山美也子［訳］(1999).『場所の現象学』筑摩書房

渡邊淳司 (2020).『表現する認知科学』新曜社

Chapter 07

あわいから問うフィールド
COVID-19 を契機としたフィールドワーク再考

神田 孝治

▌1 フィールドワークとはいかなる実践か

> フィールドワークとは，通常，はっきりと異なる環境へと旅に
> 出て戻ってくることで，物理的に「ホーム」（それがどんな風
> に定義されようと）を離れることをともなう。集中的な「深い」
> 相互行為が必要とされ，それは，たとえ一定期間であっても引
> きつづいてコミュニティに居住するという空間的実践によって
> 教科書的に保証されている。（クリフォード 2002：78）

　クリフォード（J. Clifford）は，1997 年に発表した著書『ルーツ
──20 世紀後半の旅と翻訳』（クリフォード 2002）に収められた
「空間的実践──フィールドワーク，旅，人類学の制度化」と題し
た章において，人類学におけるフィールドワークについての考察を
行っている。そこでは冒頭の引用のように，通常のフィールドワー
クは，物理的に他所へと移動し，集中的な深い相互行為を居住する
なかで行う，という空間的実践がなされるものであることが指摘さ
れている。クリフォードは同章において，こうしたフィールドワー
クの理解について多角的に検討している。

1-1 フィールドワークにおける移動と居住
　まず，「はっきりと異なる環境へと旅に出て戻ってくることで，物
理的に「ホーム」（それがどんな風に定義されようと）を離れる」と

いう点については，物理的に移動しないあり方との関係が問われている。彼は，実際に民族誌的なデータの収集が行われていたとしても，「オフィスで電話をしている人類学者がフィールドワークをしているといえば奇妙に感じるだろう」と記している。フィールドワークとは，たとえ必要な情報が現地へ行かずに収集できたとしても，研究対象地域への身体的な移動が想定されているというのである。

　こうした問いは，特にインターネットを活用した調査で浮上してくる。インターネット上では，「物理的にホームを離れることすらなく異なるコミュニティで集中的な参与観察」を行うことが可能である。クリフォードはこれをフィールドワークといえるのかどうかについて人類学者たちに尋ねたところ，概して「おそらく」と応え，一人は「もちろん」とすら述べたという。ただし，こうした身体が介在しない調査を基礎とした博士論文を指導するかどうかという点については，躊躇したり，否定したりしたという。フィールドワークは，現地への身体的な移動が必須であるとは言い切れないが，人類学者がなすあるべき姿としてはそこへの移動が求められているのである。

　次に，「集中的な「深い」相互行為が必要とされ，それは，たとえ一定期間であっても引きつづいてコミュニティに居住するという空間的実践」がなされる，という点について考えてみたい。クリフォードは，当該章の冒頭で，地震学者がヘリコプターに乗って新しい断層線を探そうとしていたことを，「フィールドにいた」と言ったことについて違和感を覚えている。彼は「フィールド」の辞書的な定義として，「オープン・スペースという意味，ほかには切り開かれた空間という意味」があることを確認し，「切り開かれた仕事場」に身体的に「出かけていく」という行為であることから，地震学者の「フィールド」の使い方が適切であったと認めている。しかしながら，上空をヘリコプターで飛びまわり地表面を眺めることが，地に足をつけたフィールドワークのあり方と異なっているため，彼に違和感を覚えさせたのである。人類学的なフィールドワークは，実際にはその程度には大きな幅があるものの，「深くて長期にわたる相互行為

的な調査での出会い」を特徴としており，そこからフィールドに「居住」することが重視されてきた。フィールドへの身体的な移動と共に，深い相互行為のためにそこに身体的に留まるという不動の実践も要求しているのである。

1-2　フィールドワークをあわいから問う

　ただし，このようなフィールドワークの認識は，あくまで人類学にとってのものである。たとえば先の地震学者が上空で「フィールドにいた」と述べたように，学問分野ごとに考え方が異なってくる。とはいえ，「深い」フィールドワークが人類学者に特権的なものかといえば，クリフォードがカルチュラル・スタディーズにおけるそれとの区分の困難さを指摘しているように，そういうわけでもない。また彼は同章において，19世紀後半から20世紀の初頭にかけて人類学のフィールドワークが制度化されていったが，それ以前の人類学者は現地から送られてくる民族誌的情報を分析していたことにも言及している。歴史的にみると，そもそも人類学者とフィールドワークは必ずしも結びついていたわけではないのである。

　上述のようにクリフォードは，フィールドワークについて，関連する様々な事象・概念とのあわいの関係性を問うなかで，その特徴を浮き彫りにすると共に，境界線が固定されておらず曖昧となっている様相を描き出している。本章では，こうした研究をベースにしながら，フィールドワークについて主に二つの観点から考えてみたい。一つは，人類学の近接分野である地理学のフィールドワークである。クリフォードも述べているように，フィールドワークは人類学の特権的な手法ではなく，筆者が専門としている地理学においても重要な役割を果たしている。この地理学におけるフィールドワークから，その人類学とは異なる特徴を明らかにしたい。次に，こうした人類学や地理学のあり方を踏まえつつ，COVID-19（新型コロナウイルス感染症）の時代における自身の経験をベースにして，フィールドワークについて再考することにしたい。

2　地理学におけるフィールドワーク

> 科学は，ある意味で書斎学派と実験室学派と野外学派に三分できる。……野外学派は，問題提起のあとに，それに関係のありそうな情報を，野外を探検してやたらに集める。……地理学は主として野外学派であり，方法として演繹法やテキスト帰納法だけに終始せず，むしろ発想法を重んじて発見型でのぞまねばならない学問である。……ここにいう野外とは，統御されず未整理のなまの情報源をいう。ゆえに，いわゆる自然現象だけでなく社会文化的現象をも含み，古文書調査ですら，ある意味で野外研究の対象である。（川喜田 1966：4–5）

　この文章は，川喜田二郎が1966年に発表した「野外調査の仕方」と題された論考の一部である。川喜田は，京都大学の地理学教室で学び，大阪市立大学の地理学教室（地理学専攻）に1950年に教員として着任し，1960年まで同大学で教鞭をとっている（川喜田1969）。杉本尚次が著した『地理学とフィールドワーク』によれば，フィールドワークは世界的に第二次世界大戦後に盛んになったが，日本においては1950年にはじまる大阪市立大学・地理学教室の共同調査がその先駆的なものとして注目されており（杉本1996），とりわけそれは川喜田を中心にすすめられたとされる（川喜田1973）。地理学者としてキャリアをスタートした川喜田が，戦後の日本における地理学のフィールドワークのあり方に大きな影響を与えたといえるだろう。

2-1　川喜田二郎の考える野外科学と多様な情報の収集

　その川喜田によれば，上記の引用にあるように，野外学派は「問題提起のあとに，それに関係のありそうな情報を，野外を探検してやたらに集める」ものであり，「統御されず未整理のなまの情報源」

を集めるそれは，「古文書」などの多様な情報を含んでいるとされる。こうした探検の心構えとしては，特定の問題に「関係のある」情報ではなく，「関係のありそうな」情報を探るものであり，それはまさに「なんでも見てやろう」という姿勢に基づくものである（川喜田 1967：32-33）。このような探検のあり方は後に，「三六〇度の視角から」，「直接から間接へ」，「ハプニングを逸せず」，「気にかかる情報を」，「定性的に捉えよ」としてまとめられている（川喜田 1970：29）。

　なお，こうした広範な情報の集め方を主張した背景には，理性に先行する「感情のようなもの」に注目する彼の考えがある（川喜田 1967：35）。これは，野外調査で得られた雑然としたデータをまとめる方法として考案され，民間企業や学校などで盛んに活用されることになった KJ 法に結びついている。フィールドを，すでにある知見に落とし込んで理解するのでなく，そこにある混沌とした情報から新しい発想を生み出そうとするなかで創り出された KJ 法においては，「なんとなく親近感が「感じられた」」情報をひとまとめにしたあとで，それを「理性的に反問」することが求められる（川喜田 1967：74）。彼の考えには，こうした情動と理性とのあわいへの問いが密接に結びついており，フィールドワークの段階では，理性的に「関係のある」情報ではなく，なんとなく「関係のありそうな」情報の収集が求められているのである。

　このような川喜田の思想は極めて興味深いものであるが，ここでは彼の考えをこれ以上は深追いせず，地理学におけるフィールドワークの特徴に焦点をあてることにしたい。川喜田が文化人類学者としても知られているように，フィールドの情報を広範に集めることは，地理学に限ったものではない。ただし，「地理学のよさは，人間をその産物や環境とともに空間的にとらえてゆく点にあろう。ある意味で人間中心でないところがよいのだ。だからといって，「人間不在」ではないのだ」（川喜田 1977：94）と同氏が述べているように，地理学的関心から空間的に情報を集めることは，広範な

情報収集に繋がっていると考えられよう。

　また，一つの農村を選び集約的な調査を合同で行う大阪市立大学のスタイルは，広域調査を行うことが多かった当時の地理学において，方法論上の論争となったとされる（川喜田 1969）。しかしながらこうしたフィールドワークは，複数名で実施するもののわずか1～2週間の期間によるもので，一人か夫婦でなされるが一年程度は住み込んで行う人類学のそれと比べると，その集約性が限定的であったことを川喜田は指摘している。それにもかかわらず，それまで広域調査を行っていた地理学においてはそのあり方に議論を生じさせたのであり，彼は広域と集約のどちらかではなく，「この双方の行き方を交互に振り子運動のように行き来してこそ研究が深まる」（川喜田 1969：517）と述べている。こうした議論からすると，地理学のフィールドワークを人類学のそれと比べると，深さよりも広さに重点が置かれてきたといえるだろう。

2-2　地理学のフィールドワークと多角的・総合的視座

　他の地理学者による近年の論考では，「地理学のフィールドワークと他の学問領域のそれとの大きな違いは，地域に関わる密度や時間的な長さなどではなく」，フィールドワークにおける「地域の見方・考え方にある」（菊地 2019：149）ことが指摘されている。すなわち，「地理学のフィールドワークは諸環境を複眼視して総合的に捉えるところに特徴がある」（菊地 2019：149）のであり，その多角的・総合的な視座が注目されている。地理学のフィールドワークにおけるベテランとビギナーの比較を行った別の論考でも，「関連する情報・知識」の蓄積や，「他の地域」および「同じ地域の過去」におけるフィールドワークの経験に違いがあると指摘し（呉羽 2019），同じく多角的・総合的な視座の重要性を説いている。また，地理学のフィールドワークの特徴として，「人間と自然との関わりを重視する」こと，「空間的思考を有し，可変的なスケールで地域を洞察する」こと，「地域変化のプロセス（過程）に強い関心」を

もつことを挙げ、それを実現するフィールドワークは「観察法（観察・参与観察），聞き取り（インタビュー），アンケート，観測など多種多様な手法」によってなされること，さらに近年では「Google Earth」などを活用した「バーチャル・フィールドワーク」や，「インターネット・アンケート」も行われていることを指摘する論考もある（村山 2014）。地理学の入門書におけるフィールドワークの項目でも，デジタル地図を含む多様な年代の地図の利用，多元的な空間スケールへの注目，雑多な情報からアイディアを紡ぐための KJ 法の活用など，様々な知見・技術を生かしながら，多種多様な情報を多角的・総合的な視座から考察するというフィールドワークのあり方を提起している（野間ほか 2017）。これらから，地理学のフィールドワークは，人類学ほどフィールドへの身体的移動やそこでの居住を強調しておらず，様々な情報・視座の「あわいからフィールドを問う」というスタンスが前景化しているといえるだろう。

3　COVID-19 時代の経験からフィールドワークを再考する

3-1　自身のフィールドワークについての経験・知識

　上述の人類学や地理学のフィールドワークの特徴を踏まえつつ，COVID-19 時代における自らの経験から，フィールドワークについて再考してみたい。まず，自身のフィールドワークに関するそれまでの経験や知識について記しておく。学部・院生時代には，現地を観察する巡検や，聞き取り調査を含む合同調査への参画など，地理学の教育プログラムのなかでフィールドワークを経験してきた。ただしそれは，平成時代に入ってからの特徴とされるマニュアル本に基づくフィールドワーク（菊地 2019）ではなかった。KJ 法についても，大阪市立大学大学院の地理学専修で学んでいた頃には詳細を知らず，2004 年 3 月の人文地理学会・アジア地域研究部会で川喜田の研究発表を聞くとともに，同氏に研究上のアドバイスをいただいたことをきっかけに関連書籍を読んでおり，これはちょうど後期

博士課程を単位取得退学するタイミングであった。その他のフィールドワークに関する書籍も，主として2005年に専任教員の職を得てから学生教育のために読んでいる。少なくとも学部・院生時代には，フィールドワークについてのマニュアル化された知識をあまり有してはいなかったのである。

　自身の研究を振り返ると，学部時代は聞き取り調査などのいわゆるフィールドワークを実践していたが，大学院生時代には主として近代観光の研究をしていたため，現地では資料調査を行うことが多かった。その後，聞き取り調査を頻繁に行うようになったのは，2007年に鹿児島県の南端に位置する与論島における調査を開始してからである。同島にはそれ以降継続的に訪れているが，年1〜2回程度，約1週間の調査となっており，比較的期間が短い。また，与論島に関連するフィールドワークとして，沖縄本島や奄美大島での資料調査や，福岡県大牟田市での聞き取り調査を実施しており，研究対象地域以外の場所にも赴いて調査を行っている。その他の研究においても，これまで現地に赴かずに論文を書いたことはないが，多様な情報を獲得するための，広い意味でのフィールドワークを実践してきたといえる。人類学者から見れば私はいわゆるフィールドワーカーではないであろうし，私自身，地理学者としても特にそうしたアイデンティティをもっているわけではない。

3-2　COVID-19時代におけるフィールドワークの経験

　このような筆者による，COVID-19時代におけるフィールドワークの経験と，そこから考えられたことを以下に記していきたい。2020年1月末頃から世間の耳目を集めたCOVID-19の影響で，同年3月から8月までのフィールドワークは原則として中止していた。特に4月16日から6月18日までは，自身の居住地域が緊急事態宣言の対象地域になっており，同期間は都道府県をまたいだ移動を行わないばかりでなく，未知のウイルスに対する不安もあり，基本的に自宅に閉じこもっていた。この頃にCOVID-19と観光の関係を

考えるようになっており，また広く COVID-19 の社会的影響とい
う点に関しては，自宅（ホーム）の外に広がる空間はすべてフィー
ルドワークの調査対象地であった。しかしながら，緊急事態宣言期
間を中心に，ほぼ自宅から外に出ておらず，状況が落ち着いている
時に行えたフィールドワークも，自宅近郊に新規に開拓した調査
地のみであった。研究できるフィールドは，COVID-19 との関係で，
時間的にも空間的にも，これまでよりかなり限定されたものになっ
たのである。そして自宅が活動の中心になるなかで，調査対象地の
情報は，概してインターネットを介して収集するようになった。こ
うした様相は，その程度の差こそあれ，少なくとも日本における多
くの研究者と同様であったと考える。

　しかしながらその後，2020 年 9 月末から 2021 年 3 月末までサバ
ティカル期間であったため，筆者は一般的な大学教員とは異なる状
況に置かれることになる。当初の予定では国外に滞在予定であった
が，それが COVID-19 の影響で実現できなくなる一方，同年 9 月末
から 11 月末まで与論島に滞在することができた。与論町役場の協
力で可能となった COVID-19 時代における同島への滞在は，フィー
ルドワークのいくつかの特徴を体験することになった。一つは居住
して行われる深いフィールドワークのあり方である。COVID-19 を
与論島に持ち込むことを避けるべく，2 ヶ月強の期間，同島からの
出入りを控えていた。そうした結果，現地の方々との交流のなか
で，普段の短期滞在では得がたい情報を獲得することができた。特
に COVID-19 の影響で観光事業関係者にも時間的な余裕が生じる
なかで，様々な話を聞くことが可能であった。イレギュラーな形で
はあったが，COVID-19 をきっかけとし，現地に居住するという人
類学的なフィールドワークの重要性を実感することになったのであ
る。

　ただし，与論島に到着してから 2 週間は外出を原則自粛し，そ
の後も一般の高齢の方への聞き取り調査を控えるなど，通常の
フィールドワークより制限された活動を強いられることになった。

また現地滞在中に同島でCOVID-19のクラスターが発生するなかで，外出自粛が要請されたり，資料調査を行っていた図書館の臨時閉館に見舞われたりすることになる。そうしたなかで，与論島とCOVID-19に関する論文を，現地にいるにもかかわらず，オンライン上の新聞記事や，TwitterなどのSNS上の情報を積極的に活用して書くことになった（神田 2021a）。フィールドワークは，限定された条件の下で，偶然性に左右されながら実施されるものであるが，COVID-19はまさにこうした特徴を浮き彫りにしたといえるだろう。またCOVID-19は，現地においてもインターネットを積極的に利用するという状況を生じさせたが，先の論考は，現地での観察・聞き取り調査があったからこそ書くことができたものであった。COVID-19時代におけるフィールドワークにおいて，これら両者が求められていたのであり，それは多様な情報を集めるという地理学的な調査のあり方を前景化していたといえる。

　その後のサバティカル期間中は，主として和歌山県の南紀熊野ジオパークセンターを拠点としつつ，南紀熊野地域の観光や，『鬼滅の刃』や『ひぐらしのなく頃に』のアニメ聖地巡礼に関する調査を実施した。このような研究にあたってのフィールドワークでは，移動が重要なポイントとなっていた。とりわけ『鬼滅の刃』の研究では，関連する聖地（フィールド）が各所に存在していたため，COVID-19との関係で移動できる時期・場所を常に見定めつつの現地調査となった。こうしたなかで，奈良県および和歌山県内の事例については調査を実現して論文を書けたが（神田 2021b），九州の事例に関しては補足調査を要するなかで期間中には終了することができなかった。その後，2021年夏期に福岡県・大分県で現地調査を行う予定であったものの，緊急事態宣言が発令されるなかで実施できず，未だ原稿を書くことができていない。

　また『ひぐらしのなく頃に』については，約10年前に同テーマと関連して白川郷を調査していたが（神田 2012），2020年10月から新シリーズの『ひぐらしのなく頃に 業』の放送が始まったため，

その影響を調べるために現地に赴くこととした。結果として2021年3月に白川村・荻町地区を訪れ，白川村役場や同地の観光関連事業者への聞き取りを通じて，約10年前と比べて同コンテンツを前向きに受け入れようとしている，現地の変化を理解することができた。その後，他の調査者がこうした動向をメールインタビューに基づき指摘する論考（花羅 2021）を発表しており，それはCOVID-19時代におけるデジタルメディアを活用した研究の可能性をうかがわせるものであった。ただし，現地でのフィールドワークを実施した筆者としては，過去からの単純な変化ではなく，同地における多様な意見の存在を認めざるをえなかった。COVID-19は，身体的移動が制限されるなかでのオンライン調査の可能性とともに，現地への身体的移動をともなうフィールドワークの重要性も浮き彫りにしたといえるだろう。

3-3　COVID-19からフィールドワークを問う

　以上のようなCOVID-19時代における自身の経験から，フィールドワークに重要な二つの方向性が浮かび上がってくる。一つは人類学で重視される身体的に移動し居住するようなフィールドワークであり，もう一つは地理学で強調される多様な情報を様々な方法で収集するあり方である。

　後者を強調する観点からすると，バーチャル・フィールドワークも考えられ，フィールドワークとは必ずしも現地に行く必要がないことになる。ただし，「Google Earth」のようなバーチャルに表現されたフィールドに赴きそこで現地の情報を得るものはともかくとして，インターネットを活用した現地情報の収集すべてがフィールドワークといえるのかについては議論の余地があるだろう。ここでの疑念の要因を考えると，フィールド「において」フィールド「に関する」ワークを行うか，フィールド「に関する」ワークのみを行うのか，という違いがあることがわかる。「Google Earth」のようなバーチャル空間で調査することは，フィールドに移動したとも認

識できるが，そうでないインターネットを介したコミュニケーション・情報収集はフィールド「において」ワークしたという実感はないだろう。もちろん，フィールドワークを，フィールド「に関する」ワークすべてを含めると理解するか，オンラインでなされる現地情報の収集すべてに，想像的に移動しフィールド「において」ワークしている要素があるとまで解釈すれば，フィールドへの移動はその要件になってこない。このように，フィールドワークのあり方を拡張して考えると，かつて川喜田が行っていた「野外学派」と「書斎学派」の区分も問い直されることになる。そうすると，インターネットの活用ばかりでなく，現地に関係する書籍を読むことや，電話調査を行うことなど，フィールドに身体的に移動することがない既存の取り組みも，そもそもフィールドワークであったことになる。これは，脱領域的な発想として，前向きに理解される向きがあるかもしれない。

　ただし，COVID-19 時代における筆者の調査経験からすると，現地へ身体的に移動しないフィールドワークでは，情報を十分に得ることは困難であった。もちろん，テーマによっては現地に行かずともそれが可能であろうし，今後の技術革新によって解決されることかもしれない。しかしながら自身がフィールドワークで得られるとこれまで想定していた情報は，オンライン調査からのみで得ることは現段階では難しかった。フィールドワークについての概念上の問題はともかくとして，フィールドに身体的に移動して調査すること，そしてそうしたなかでより深い調査を希求することの意義が損なわれているわけではないと思われる。もちろん，COVID-19 が前景化したように，現代のフィールドワークにおいては，オンラインによる調査を有効に活用することも重要であろう。

　このように考えていくと，フィールドワークにおいては，身体的な移動にもとづく調査と，そうした移動をともなわない調査を混ぜ合わせつつ，可能な限り広く深く情報を集めること，そしてそこから得られた様々な情報の「あわいからフィールドを問う」こ

とが求められているといえるだろう。もちろんこれは，COVID-19
時代におけるフィールドワークだけでなく，そもそも事前準備も
含めた一連のフィールドワークのあり方が有している特徴であ
り，本章は特段目新しいことを指摘したわけではない。しかしなが
ら，COVID-19 を契機にフィールドワークについて再考するなかで，
ICT に関連する技術が発達した現代社会において，それがとりわ
け意識すべき重要な点として考えられたのである。

【引用・参考文献】

川喜田二郎（1966）.「野外調査の仕方」尾留川正平［編］『朝倉地理講座2
　　地理学研究法』朝倉書店

川喜田二郎（1967）.『発想法──創造性開発のために』中央公論社

川喜田二郎（1969）.「地理学と野外科学論──個人的な回顧と展望」大阪
　　市立大学地理学教室［編］『日本の村落と都市』ミネルヴァ書房，
　　pp.498-526.

川喜田二郎（1970）.『続・発想法──KJ 法の展開と応用』中央公論新社

川喜田二郎（1973）.「KJ 法と啓発的地誌への夢──ストーリー風に」『人
　　文地理』25(5): 493-522.

川喜田二郎（1977）.「地理学と人類学との接点」『地理』22(1): 83-95.

神田孝治（2012）.「白川郷へのアニメ聖地巡礼と現地の反応──場所イメ
　　ージおよび観光客をめぐる文化政治」『観光学』7: 23-28.

神田孝治（2021a）.「COVID-19 時代のツーリズム・モビリティーズと場所
　　──2020 年における与論島の状況に注目した一考察」『立命館大学人
　　文科学研究所紀要』125: 49-76.

神田孝治（2021b）.「『鬼滅の刃』が生じさせる新たな聖地──「境界の融
　　解」と「移動」に注目した考察」『立命館文學』672: 88-110.

菊地俊夫（2019）.「地理学とフィールドワークの世界」『地理空間』12(3):
　　149-158.

クリフォード, J.／毛利嘉孝ほか［訳］（2002）.『ルーツ──20 世紀後期の
　　旅と翻訳』月曜社

呉羽正昭（2014）.「人文地理学のフィールドワークにおけるデータ収集法
　　の検討──フィールドワークをめぐる関係構造に着目して」『人文地
　　理学研究』34: 87-94.

杉本尚次（1996）.『地理学とフィールドワーク』晃洋書房

野間晴雄・香川貴志・土平 博・山田周二・河角龍典・小原丈明［編著］
　　（2017）．『ジオ・パルNEO［第 2 版］――地理学・地域調査便利帖』
　　海青社

花羅（2021）．『コンテンツーリズム取組事例集 6.5 雛見沢聖地論』STRIKE
　　HOLE

村山祐司（2014）．「フィールドワークの方法と実践――人文地理学からの
　　発想」『人文地理学研究』34: 247–253.

Chapter 08

ジオグラファー×フォトグラファーの「語り」
マレーシアにおけるフィールドワーク経験と写真撮影

藤巻 正己

▌1 コロナ禍のフィールドワーカー

　筆者（以下，私）はこれまで，その時々の研究テーマに導かれ，「マレーシア的なるもの」（Malaysian-ness）とは何かを探求すべく，マレーシア各地でフィールドワークに取り組んできた。調査地では，観察やインタビュー調査など身体を使った様々な<ruby>仕事<rt>ワーク</rt></ruby>が求められるが，そこで体感，獲得できた〈身体知〉こそが，エリアスタディにとって不可欠なものであることはあらためて述べるまでもない。とりわけ私は，その〈身体知〉を内化すべく写真撮影に努めてきた。地域性あるいは場所性，そして「場所愛（topophilia）」（トゥアン 1992）にこだわる人文地理学徒の私にとって，景観論的アプローチは自明のこととはいえ，現場のリアリティをありありと記録し，フィールドワークの成果物としてのモノグラフを読み手（調査地の人びとも含む）に共感してもらうためにも，叙述だけでは伝えきれない現場の場景や情景を活写する手段として写真撮影に勤しんできた。つまり写真は，私が「その時／その場」で目の当たりにし，直感された現場の風景を素材に地誌的記述を試み，読み手の地理的想像力を喚起させるツールであった。そういった意味において，私は現場主義者であり，ジオグラファーであるとともにフォトグラファーたらんことを心がけてきた。

　それゆえ，新型コロナウイルス感染症（COVID-19）禍という厄難のため，マレーシアでの現地調査を実践できていない現在の私は，フィールドワーカーとして「宙づり」状態にあるといえる。しかし，

コロナ禍の機会にこそ，これまでのマレーシアにおけるフィールド経験を回顧しながら，現場における写真撮影の意義を再確認するとともに，フィールドワークおよびフィールドワーカーとは何であり，どのようであるべきかについて自省的に考えてみたい。

▌2 私のマレーシア研究

本題に入る前に，私のマレーシア研究とくに首都クアラルンプル（以下，KL）でのフィールドワーク経験をふり返ってみたい。

私は，1980 年代半ば頃からマレーシアを対象としてエリアスタディに取り組み，地理学が目指すところの当該地域の際立った特性（地域性）を探求し，その地誌的記述を試みてきた。具体的にいえば，マレーシアの様々な地域現象や社会問題を切り口にして「マレーシア的なるもの」を読み解き，その全体像を学際的総合的に描こうとしてきたのである。私のマレーシア研究は，KL におけるスクォッター集落の調査から始まった。

2-1 KL のスクォッター集落でのフィールドワーク

スクォッター集落とは，無断で公有地や私有地を占拠する人びと（squatter）による不良住宅地区を指す。それらは 1980 年代まで KL 各地に所在し，社会的にも包容されていたが，社会全体が成長するにつれて，貧民街あるいは「スラム」という蔑んだ眼差しが向けられる存在となった。しかし，繁栄のなかの貧困を象徴するスクォッター集落の実態はどのようなものなのか？　内側から住民の「肉声」に耳を傾けつつ，彼らの生活世界を知りたいという素朴な問題意識から，スクォッター集落でのフィールドワークに取り組むこととなった。

最初の調査地は，1986 年夏の 2 カ月間，KL のチャイナタウン近傍に所在する，廃線となった鉄道沿線に形成されたインド系集落の Kg. Davidson（Kg はマレー語で「村」を意味する kampung の略）

図 8-1　Kg.Davidson：KL チャイナタウン近傍のインド系スクォッター集落
廃線となった鉄道沿いの集落。ダウンタウンに近接するこの地は，貧困層が生き抜いていくうえで絶好の居住地であった（1986 年 8 月 6 日，筆者撮影）。

図 8-2　Kg.Davidson：空き家となった鉄道職員の長屋に暮らすある家族
調査に入って数日後，懇意にしてもらった（右から順に）J 氏の奥さんと姉さんにインド料理の軽食を馳走になる。写真中央が若き日の筆者（1986 年 8 月 6 日，筆者撮影）。

であった（図8-1・図8-2）。フィールドワークの成果は「中間報告」としてまとめられたが（藤巻1989），その後，ルイス（1970）が提起した「貧困の文化」論に批判的な文化人類学者たちによる「貧困の文化研究会」に誘われたのを契機として，「中間報告」はジオグラフィーとエスノグラフィーとが混淆した論稿に書き改められ，江口信清編（1998）『「貧困の文化」再考』に収められることとなった（藤巻1998）。

　その後，私のフィールドはKL最大の繁華街の一角にあって，ホテルとコンドミニアムの建設予定地に残存し，「都市の中の村」とみなされてきたKg. Chendanaという，50年余の歴史を有すマレー系集落に移った。そこでの調査は1998年の夏から住民の立ち退きが完了する2005年2月まで断続的に続けられた（図8-3・図8-4）。その研究成果は『生活世界としての「スラム」——外部者の言説・住民の肉声』（藤巻2001）に収められている。書名で明らかなように，その論稿は，Kg. Chendanaの内側に身を置き，そこに暮らす人びとの生活実態にふれながら彼らの「肉声」に耳を傾け，外部者のスクォッター集落をめぐる多声的言説と住民の生活世界との乖離を批判的に捉えようとした社会地理学的・エスノグラフィー的作品となった。

2-2　変貌するKLの景観の読み解き

　スクォッター研究と並行して，KLの建造環境の急激な変化，都市景観（cityscape, urban landscape）の変貌にもフィールドワーカーとしての私の関心が向けられた。この熱帯のメトロポリスを訪れるたびに，KLタワーの展望台などの高みから，変わりゆく市街地や郊外を俯瞰遠望し，定点観測的に写真撮影を行った。1980年代には「スクォッター都市」と揶揄されたKLが，1990年代末には世界都市地図に刻み込まれ，年を追うごとにスペクタクルな都市へと変貌していったことが一望できたからである。実際，1980年代初めから20年間に及ぶ第四代首相マハティールの治政下，マ

図 8-3　Kg. Chendana：「都市の中の村」を歩く

N 氏の案内で結婚式の会場に向かう。彼は，1997 年に私がこの村を訪れてから 2005
年の立ち退きまで，よそ者にすぎない私を〈受容〉してくれた（1998 年 8 月 31 日，
筆者撮影）。

図 8-4　Kg. Chendana：村の友人たちとの再会・交歓

Kg. Chendana 住民との 1 年ぶりの再会（右から二人目が筆者）。調査者／被調査者
という関係は溶解している。この翌年に彼らは立ち退くこととなった（2004 年 8 月
31 日，筆者撮影）。

レーシアは産業国家へと変身を遂げ，KL は「マハティールの都市」と評されるほどに大改造され，美化（エステ化）された。それゆえに私は，「マレーシア的なるもの」を表象する景観の地理の変貌を主題として，写真画像を多用しながら KL の都市誌的記述を試みた（藤巻 2003；2007；2009a；2009c）。

2-3　KL の外国人労働者へのアプローチ

　また，マハティールによる開発政治の時代以降急増するようになったアジア各地からの出稼ぎ労働者にも，ジオグラファー×フォトグラファーとしての関心が向けられた。旧英領マラヤ時代から華人・インド系・マレー系などから構成されてきた多民族都市 KL が，労働力の国際移動によって「トランスナショナル都市」へと変貌を遂げつつあると解釈されたからである（藤巻 2000；2007；2017；2019）。その研究過程において，アパデュライ（2004）の「エスノスケープ」（ethonoscape）という概念と，KL の外国人労働者の実態をありのままに描出しようとしたマレーシア出身のエスノグラファーであるムニアンデイの著作（Muniandy 2015）が，私のマレーシアにおける外国人労働者研究の糧となった。

2-4　マレーシアのツーリズムスケープの解釈

　さらに私の研究関心は，マレーシアの観光・ツーリズムにも向けられ，研究対象地域として KL のみならず，オランアスリと総称されるマレー半島の先着少数民族社会（キャメロンハイランドおよびケーリー島）や，世界遺産都市ジョージタウン（ペナン），そしてマラッカも加えられるようなった。観光の現場に現前する風景（tourismscape）こそ，「マレーシア的なるもの」が分泌，表出された様々な次元の景観が複合しあうメタ景観であると解釈できたからにほかならない（藤巻 2010；2019 ほか）。

3　ジオグラファー×フォトグラファー：　フィールドにおける私の方法

3-1　フィールドを「知る」ための方法

　以上，研究遍歴を書き連ねながら，私のフィールドワークのあり方や方法についても若干ふれてきた。私にとってフィールドを「知る」ためのスタイルを確かなものにするうえで強く影響を受けたのは，東南アジア島嶼域で活躍した「フィールドワークの鉄人」と評すべき亡き鶴見良行による数多くの著作であった（鶴見 1995 ほか多数）。また，社会調査法に疎かった私にとって，佐藤郁也（1992）『フィールドワーク——書を持って街へ出よう』も示唆に富むものであった。その後，様々な研究領域においてエスノグラフィー的方法あるいは質的調査にもとづく「フィールドワーク本」の刊行が続いた。最近刊書としては市野澤潤平ら（2021）による論集『観光人類学のフィールドワーク——ツーリズム現場の質的調査入門』がある。これらの数多くの著作において指摘されているフィールドワークの要件は，ほぼ共通している。具体的には観察，聞き取り調査，写真撮影，ノートに記録することに尽きよう。

　地理学では，調査地に関する客観的な統計資料や史料，地図の収集や地域調査のデータをもとにした地図の作成が重視されてきた。まずは対象地域の全体像を把握し（エクステンシブ調査），そのうえで現地でのインテンシブな調査に臨む。たとえば，役所など地元の機関での聞き取り，地元民に対するアンケートやインタビュー調査による数量的データや住民の語りの採録，観察で得られた知見を地図に書き込むこと（空間の学としての地理学において調査地に関する知見の「地図化」は必須であり，地図化できないデータは捨象されることもある）などを通じて，一次データを収集することが求められてきた。しかし，マレーシアでは適切な統計データや地図などの地理情報が入手しがたく，またその時々の研究テーマの性格上，エスノグラフィー的方法あるいは質的調査法が併用された。そのうえで，私は〈現場を知る〉ための方法として，フィールドのリアル

な場（情）景を記録するとともに，その表象分析のために「写真撮影」にこだわってきた。

3-2　フィールドにおける写真撮影の意味

　「景観の学」を標榜してきた地理学にあっては「地理写真」というジャンルが確立していたが，それは自然的人文的相互作用の複合体，その視覚形態としての地域景観を捉えるという客観的科学的に分析するための方法として位置づけられてきた。しかし，私にとって写真を撮るという行為は，「現場のリアルな場景と私が感受した情景」を活写し，モノグラフの読み手に対してフィールドにおいて視覚化された私の〈身体知〉そのものを伝え，地理的想像力をかきたたせる媒体であるという考え方からすれば，地理写真の目指すところとは若干，異なっているように思われる。社会学でも写真が「社会風景をありありと描写し，社会学的想像力をかきたたせる」手段として，ビジュアル・メソッドあるいはビジュアル調査法の名のもと注目を浴びつつあるが（後藤 2009；ノウルズ＆スウィートマン 2012），学問領域の違いこそあれ，それは私の考え方と相似的である。

　ところで 1990 年代末以降，撮影画像をその場で確認できる液晶パネルを搭載した廉価でコンパクトなデジタルカメラの普及，しかもバッテリーやメモリーカードの容量の増大化は，ジオグラファーであるとともにフォトグラファーをも目指した私のフィールドでの写真撮影を大いに駆動させることとなった。さらに，高画質の写真撮影も可能になった携帯電話（スマートフォン）の出現によって，フィールドにおいて写真撮影を「する／される／されているかもしれない」という緊張感は以前に比べてかなり薄れるようになった。こうした撮影環境の変化によって，KL タワーの展望台からの景観（landscape：地景）を俯瞰遠望した写真だけでなく，海外からのツーリストや外国人労働者も含め不特定多数の人びとが行き交う街頭や市場，繁華街で写真を撮ることは躊躇させるものではなくなった。

3-3　写真撮影の「罪深さ」を回避する

　しかし，住民と対面接触し，その場に居合わせる現場ではそうは
いかない。ファインダー越しに自分や家族，住まいなどが覗き込ま
れることは，彼らに戸惑いや違和感，忌避感を覚えさせたであろう。
調査研究のための写真撮影は，撮られる側にとっては介入的であり
暴力性を帯びた行為なのだから。

　Kg. Davidson と Kg. Chendana では，私の素性が住民の間で知
れわたり，危険人物ではないことがわかってもらうことができ，次
第に集落内を自由気ままに歩けるようになった。8 年間通った Kg.
Chendana では，住民の結婚式や村のサッカーチームと外部のチー
ムとの試合，政治家の支援集会など彼らの「行事」にも参加した。
こうした関係構築のなかで，調査地の人びとを被写体とする写真を
撮る機会が増えていった。無論，撮影された写真は日を置かずして
プリントアウトし，それをお返しすることを通じて，私の関心が何
であるのかが次第に理解されるようになっていった。つまり写真
は住民との相互理解，〈交歓〉のツールとなったのである。そして，
写し出された画像を通じてよそ者である私の目線が何に向けられて
いるのか，加えて自分たちが（私という）外部者からどのようにみ
られているのかが彼らの間で話題ともなり，以降，私の調査に対し
てよりいっそう協力的になってもらうことができた。

3-4　ツーリストとしてのフィールドワーカー

　それにしても，フィールドワーカーがツーリストときわめて相
似的であることに気づかされる。観光人類学における「ホスト／
ゲスト論」につき合わせるならば，フィールドの人びとがホスト，
フィールドワーカーはゲストとして見立てられよう。観光・ツーリ
ズム研究において，観光倫理やツーリストの責任ある行動が重要な
テーマとなっているが，その文脈でいえば，フィールドワーカーと
て，「倫理」とか「責任ある行動」が問われねばならない。「罪深い
フィールドワーク」を回避し，フィールドワークの対象となる人び

とを尊重する「倫理的フィールドワーク」を遂行してきたのかどう
か，また，よりよき「他者理解の旅」の実践者であったのかいなか，
あらためて自ら問わなければならない（藤巻 2009b）。

4　休みなきフィールドワーカー

　コロナ禍にあって「宙づり」状態にあるとはいえ，私のマレー
シア研究は決して中断しているわけではない。これまで調査地で撮影
してきた膨大な写真を整理する際には当時のフィールド経験を追憶
し，蘇らせることができるからだ。そして，フィールドノートをも
とにした分厚い日誌や新聞記事など，様々なデータをあらためて読
み返し再解釈することを通して，私は「あの時／あの場」に立ち戻
ることができる。進化し続ける情報技術によって現場への身体移動
はできないにしても，私はマレーシアというフィールドへ瞬間移動
もできる。Google Earth によってフィールドの近況をとらえるこ
とができるし，たとえ生の現場での観察や写真撮影，現地の人びと
と出会い，居合せることはできないにしても，E-mail や LINE で
現地の人びととはつながってもいる。Zoom を介すれば，インター
ネット空間上とはいえ画面での対話も可能である。つまり，現場で
のリアルな身体経験をともなわないにせよ，私のフィールドワーク
は続けることができているのだ。

【付記】
本章は，別稿「〈追想〉あるマレーシア研究者のフィールド経験──ジオグ
ラファー×フォトグラファーの「語り」」『立命館大学人文科学研究所紀要』
（131: 91-111, 2022 年）を改題改稿したものである。

【引用・参考文献】

アパデュライ, A.／門田健一［訳］(2004).『さまよえる近代——グローバル化の文化研究』平凡社

市野澤潤平・碇　陽子・東賢太郎［編著］(2021).『観光人類学のフィールドワーク——ツーリズム現場の質的調査入門』ミネルヴァ書房

江口信清［編］(1998).『「貧困の文化」再考』有斐閣

後藤範章 (2009).「ビジュアル・メソッドと社会学的想像力——「見る」ことと「調べる」ことと「物語る」こと」『社会学評論』60(1): 40-56.

佐藤郁也 (1992).『フィールドワーク——書を持って街へ出よう』新曜社

鶴見良行 (1995).『東南アジアを知る——私の方法』岩波書店

トゥアン, Y.／小野有五・阿部　一［訳］(1992).『トポフィリア——人間と環境 』せりか書房

ノウルズ, C. & スウィートマン, P.／後藤範章［監訳］(2012).『ビジュアル調査法と社会学的想像力——社会風景をありありと描写する』ミネルヴァ書房

藤巻正己 (1989).「クアラルンプールのあるインド系スクォッター集落——その中間調査報告：フィールド・ノートより」『天理大学学報』160: 205-248.

藤巻正己 (1998).「クアラルンプルの生きられたスクォッター・カンポン——1980年代マレーシア都市下層社会の風景」江口信清［編］『「貧困の文化」再考』有斐閣, pp.113-176.

藤巻正己 (2000).「クアラルンプル大都市地域における外国系スクォッター・カンポン」『立命館地理学』12: 19-42.

藤巻正己 (2001).「クアラルンプルの都市美化政策とスクォッター——新聞に描かれたスクォッター・イメージ」藤巻正己［編著］『生活世界としての「スラム」——外部者の言説・住民の肉声』古今書院, pp.60-93.

藤巻正己 (2003).「熱帯のメトロポリス　クアラルンプル断章——スクォッター都市から世界都市へ？」『地域研究論集』5(2): 79-93.

藤巻正己 (2007).「トランスナショナル都市化するクアラルンプル——変貌する熱帯のメトロポリスの民族景観」『立命館地理学』19: 1-11.

藤巻正己 (2009a).「「マハティールの都市」クアラルンプル——生産されるスペクタクルなツーリズムスケープ」『立命館大学人文科学研究所紀要』93: 25-53.

藤巻正己 (2009b).「他者理解の旅へ」藤巻正己・江口信清［編著］『グローバル化とアジアの観光——他者理解の旅へ』ナカニシヤ出版, pp.231-239.

藤巻正己 (2009c).「グローバリゼーション時代の都市のランドスケープ・

エスノスケープ——「マハティールの都市」クアラルンプルを読み解く」春山成子・藤巻正己・野間晴雄［編］『朝倉世界地理講座［大地と人間の物語］3——東南アジア』朝倉書店, pp.308–319.

藤巻正己（2010）.「ツーリズム［in］マレーシアの心象地理——ツーリズムスケープの政治社会地理学的考察」『立命館大学人文科学研究所紀要』95: 31–71.

藤巻正己（2017）.「グローバル都市化するクアラルンプル——変貌する熱帯のメトロポリスのエスノスケープ」阿部和俊［編］『都市の景観地理——アジア・アフリカ編』古今書院, pp.1–12.

藤巻正己（2019）.「チャイナタウンはもはや"チャイナタウン"ではない！"外国人労働者の街"だ！——クアラルンプルの〈ツーリズムスケープ〉瞥見」『立命館大学人文科学研究所紀要』119: 29–55.

ルイス, O.／高山智博［訳］（1970）.『貧困の文化——五つの家族』新潮社

Muniandy, P.（2015）. *Politics of the temporary: An ethnography of migrant life in urban Malaysia.* Malaysia: Strategic Information and Research Development Centre.

観光とフィールドワークは現象へと開かれているのか
観光者[1]とフィールドワーカーのパフォーマンスの同型性[2]について

須藤 廣

1　はじめに

　COVID-19（新型コロナウイルス感染症）による社会的危機により，世界中で 2 年におよぶ移動の規制が続くなか，バーチャル観光やローカル観光など，移動を限定した観光の形が模索されている。移動が閉塞する状況であるがゆえに，観光者の経験とは何かといった根源的な問いが浮かび上がってくる。

　とはいえ，近年 COVID-19 危機が叫ばれる以前から，観光とはどのような経験であり，どのような関係を創り出し，またどのような経験であるべきなのかといった根源的な問題は，「観光者のエートス」（MacCannell 2011），「観光者の弱いつながり」（東 2014），「ツーリズム・リテラシー」（山口ほか 2021）の可能性を考えるといった形ですでに行われてきていた。COVID-19 による移動の危機は，以上のような観光の動的過程を明らかにする気運をさらに強化したといえよう。

　以上のように多様化する観光における視点の再検討の作業をするなかで，観光的移動の研究には，観光研究者の移動，あるいは観光学領域以外のフィールドワーカーの移動も必然であったことに気づ

1）E. コーエンの観光客の分類でいえば「旅人（traveler）」とすべきところであるが，定義が曖昧になるため，広い定義の「観光者」とした。
2）同型（isomorphism）とは集合論的に同一の数学的構造の写像をもつという意味であり，「同一」とは異なる。

く。筆者が研究の足場としている観光研究においても，観光地で観光者がどのように行為しているのか，現代の観光サービスがどのように行われているのか，観光地の住民はそれらをどのように受け止めているのか，といったことに関するアクチュアルな現実は，観光研究者が足を運んで調査をしないとわからない。そしてそれを，観光研究者（人類学，社会学，地理学等の訓練を受けた観光研究者は特に）はフィールドワークとして実践してきた。観光研究者の多くは特定の観光地をフィールド（現場）としてもっており，その地で身体的に知りえた感覚や情報をもとに観光の理論を作ってきた。

　いうまでもなく，COVID-19 による観光者の移動の停滞は，観光研究者の移動の停滞に直結してしまう。現実に進行しているこのような事態からは，観光者の（観光実践の）研究における視点の再検討同様，観光研究者（特にフィールドワーカー）の観光研究実践に関する視点の再検討の機会を得たと捉えるべきであろう。

　観光者による観光地解釈については，ゴフマン（E. Goffman）の「表領域／裏領域」論（ゴッフマン 1974）を応用したマキャーネル（D. MacCannell）の「演出された真正性」論がある（マキャーネル 2012：110–131）。あるいはそれを，観光システムにおける行為とその環境との関係性という文脈において，ルーマン（N. Luhmann）の自己創造的（自己組織的）システム論を応用することもできる（ルーマン 2016；須藤・遠藤 2018）。本章では，現代の観光経験が世界を類型化，あるいはカテゴリー化（以下これを総称して「記号」化と呼ぼう）し，膨大な情報を縮減しようとする「回収する」傾向と，経験を異化し記号の外側に向けて「現象」一般に広げようとする，記号から「解放する」傾向，あるいは別様に（ずらして）記号化する傾向との拮抗関係で成立することを描き出す。そして，そのことをフィールドワークにおける観察対象の概念化と観察者が概念の外側に向かうパフォーマティブな（行為遂行的）行為との拮抗関係に置き換えて説明することを試みる。

2 観光経験における過程への注目

2-1 観光におけるパフォーマンス論

　アーリ（J. Urry）は『観光のまなざし』初版を（アーリ 1995），第2版では表現をする観光地に重点を置きつつ修正を加え（Urry 2002），さらに第3版（増補改訂版）では，観光者の参与のあり方に焦点を当てる J. ラースンを書き手に加え，観光者をも含めた身体的上演（パフォーマンス）の過程に注目を置くよう構成を改めた（アーリ＆ラースン 2014）。タイトルからわかるように，アーリの「観光のまなざし論」は，M. フーコーの視覚による認識の体系化，主体形成についての構造主義的言説論に基づいており，決定論的であるという批判を受けることになる（MacCannell 2011）。第3版までの修正過程でアーリは，観光表象による認識の決定論から脱すべく，観光表象を作り変える地域や市民社会の参与のあり方にも注目し，さらに視覚だけではなく，五感に及ぶ観光表象にも着目してきた。特に，第3版（増補修正版）では，ラースンの視点を大きく取り入れ，観光者が観光表象に向けてどのように参与しているのかにページを割いている（アーリ＆ラースン 2014：240–333）。観光体験とは，作り込まれた観光表象をそのまま体験することではなく，自らの創意と関与によって演じ，行為遂行する（パフォーマンスする）ことである。ここでは，「パフォーマンスは決して完全には事前に決められない」といった非決定論であることが強調されている（アーリ＆ラースン 2014：298）。

　こういった，行為の過程への注目は近年，観光はもとより，消費や芸術経験などにおける研究にも頻繁にみられる。アートプロジェクトやロックフェスティバルにおける芸術鑑賞への五感を使った参与経験，スポーツツーリズムにおける，一般参加者が参与するスポーツ大会，観客，観光者の身体的参与がつくりだす経験等，参与による観光経験の創造過程へ注目した著作や論文が多く執筆された（橋本 2016；永井 2016；須藤 2017；山村 2017；山村・シート

ン 2021）。これらは芸術や観光の対象が，言語がそうであるように，何かを伝える記号であるとともに，コミュニケーション過程そのものに集合的な指向性を有する「パフォーマティブ（遂行的）」（オースティン 1991）なものであることを示している。

特に，1960年代以降の現代アートにおいては，鑑賞者の身体的参与の過程は大きな潮流となっていた。コンセプチュアルアート，ポップアート等のアートのメディウム性を表現したものや，社会参与アート等鑑賞者の「参与」を表現の前提としたものの特徴からわかるように，現代アートは鑑賞者身体の参与や行為遂行と分かちがたく結びついている（北野 2021）。鑑賞者身体の参与がどのような社会的，個人的リアリティの変容，あるいは「異化効果」をもたらすのかに着目するものも数多く紹介され（エルゲラ 2015；藤・AAF ネットワーク 2012；北川 2015），これらはアーティストや地域からみたアートプロジェクトだけではなく，観光者側の参与経験からみたアートツーリズムの研究とも重なっていった（須藤 2017）。

2-2 パフォーマティブな観光が持つ社会的背景

観光者の観光表象づくりへの参与は，名所，旧跡，名勝という固定的な観光対象を超えて，観光対象を増産し続ける現代観光のあり方と密接に関係している。観光経験のあり方が固定的に決まっていた時代においては，観光者は名所，旧跡，名勝の固定化された解釈体系を学び取れば，立派な観光者になることができた。しかし，産業化された観光の近代的ありようは，このような固定的な観光地解釈から観光者を解き放っていった。人工的に作られていった名所，旧跡，名勝の解釈は，次第に観光者も参加しながら作りあげられるようになったのである（森 2007）。

特に，日本における観光経験のあり方において決定的であったのは，（現地の）名所，旧跡，名勝とは何も関連性をもたない東京ディズニーランドの開園である（能登路 1990）。（日本の）伝統に縛られないディズニーランドでは，観光者の世界解釈は個人に開かれて

いる。いうまでもなく，ディズニーランドの世界解釈は枠づけが自由でありながら，観客にパターン化した演技を誘導する仕組みをもっている。とはいえ（日本では）それは，伝統的な世界解釈にもとづく観光経験のなぞり方と明らかに異なり，個人が五感をもって参与するモデルなき体験のなかで，独特な快楽のリテラシーを作りあげる仕組みとして社会に流布していった。

　ここでは，「世界」をもつ観光施設が，参与によって水路づけられた身体的体験によって，観光者の行動を枠づけると同時に，観光者の参与が与えられた枠を超えることがあることにも注目しなければならない。伝統という固定化された枠組みによらない人工的なフレームは，伝統の権威に依らない分，観光者の自由な行動に開かれている。東京ディズニーランドのリピーターの多くが，ディズニーランド運営側の意図を超えた行動をしている様子は，多くは「Dオタ」（ディズニーランド・オタク）の独特の行動として報告されている。観光者の参与を促す観光は，その自由な枠づけのあり方ゆえに，定型を逸脱した観光者主導になりがちである（新井 2016）。ディズニーランドに代表されるような観客動員型の観光が現代日本のポスト・マス型観光（個人化された観光）のパターンになっていったのである。

　観光者の参与が観光のあり方を大きく左右する観光のなかに，まんが・アニメツーリズムに代表されるようなコンテンツ・ツーリズムもある。コンテンツ・ツーリズムにおいて観光者の中核は，当該のコンテンツのファンである[3]。また，近年ではまんが・アニメのコンテンツが2.5次元舞台として上演された後，ファンが地域をリアルな舞台として訪れつつ，歴史を深く理解しようとする観光も注目されている（須川 2021）。

---

3) これらは埼玉県の久喜市鷲宮におけるまんが・アニメ「らき☆すた」のファン，茨城県大洗町における「ガールズ＆パンツァー」などの例からみることができる。

現代の観光現象における消費者の参与が市場の誘導の結果である
かどうか（あるいは今後そうなるかどうか）はファンとマーケット
／マーケッターのあり方しだいなのであるが，ここでは観光が「記
号」の優位から次第に「現象」の優位，すなわち観光者のパフォー
マンスへと開かれているという点を強調したい[4]。

3　参与する観光者の経験とフィールドワーカーの経験

3-1　フィールドワークと現象学的社会学

　以上述べてきたような，状況へと参与し，上演する現代の観光者
の経験と同型なもの（isomorphism）として，フィールドワーカー
の経験も説明できるかどうかが次のテーマである。筆者は観光地に
とっての観光者の位置づけとフィールドワーカー（特に観光研究の
フィールドワーカー）の位置づけは類似点が多いと考える。前述し
たように，観光者はカテゴリー化された表象を確認しようとする。
そして，多くはカテゴリーの外側にある「現象」へと向かう。現
代における多くの観光者は，多少なりとも観光体験に類型化された
「表領域」から類型化がされていない「裏領域」へと向かう「カル
チャーショック」の味付けを求める。

　フィールドワーカーはどうか。フィールドワークの目的は，研
究者によってあらかじめ類型化された対象地域の世界を再確認する
こともあるが，多くのフィールドワーカーの経験もまた，類型化さ
れた対象の表象の外側へと向かう。フィールドワークの目的は類型
化された現地に対する一般的まなざしを，研究者の実践によって乗
り越えることにある。フィールド（現地）にはフィールドの合理性
（理屈）があり，フィールドワーカーは自らの生活世界の（あるい
は研究者としての）合理性を「一時停止（エポケー）」しフィール

4）パフォーマンスが市場に回収されるかどうかは，とりあえずここでの関心
　から除外したい。

ドの理屈（常識）に馴染もうとする。研究者が身につけ馴染んでき
た文化が，研究対象の文化によって否定される，フィールドワーク
の「カルチャーショック」（佐藤 1992）体験はこうして生ずる。

3-2　観光者とフィールドワーカーにおける二重の解釈と
　　　その行為遂行性

　以上のような意味における大掴みの潮流（社会学に限定するが）
としていえば，多くのフィールドワーカーの異文化理解の仕方は，
世界の多元性，複数性を強調する，──A. シュッツ（A. Schutz）
を創始者とし，現代の構築主義的社会学へと連なる──現象学的
社会学の方法に近い。さらに，観察対象の意味世界へと深く入り込
み，現場の言葉やそのコンテクストを深く理解しようとするという
点に焦点を当てれば──その学問領域や出自を無視して社会学の領
域からのみに絞れば──その視点は，一般の人びとの間の行為遂行
の「方法」を，主に言語をとおして抽出しようとする方向へと現象
学的社会学を推し進めた，「エスノメソドロジー」のエッセンスに
近似している（山田 2015）。

　シュッツ以降，対象世界の意味理解の方法を突き詰めた解釈学的
社会学は，対象世界の意味解釈が結局のところ，社会科学が構築し
た架空の意味世界へと押し込められ歪曲されているといった，「実
証主義批判」を強く推し進めていった。この先陣にいたのはシクレ
ル（A. Cicourel）やガーフィンケル（H. Garfinkel）といった「エ
スノメソドロジスト」たちであった。彼らは，社会学は研究対象の
人びと独自の文化的文脈をもつ言語の意味を，研究者の社会的言
語のなかに無理矢理押し込めているといった警告を言明している
（ガーフィンケル 1987；シクレル 1981）。エスノメソドロジーの要
諦は，フィールドワーカーが観察対象の人びとによる日常的意味の
「文脈」（自明性）の発生現場に立ち会うことにある。ここで重要な
ことは，この「文脈」の理解が，研究者が「傍観者」として手に入
れるものではなく，現場の文脈に沿った言語行為による行為者との

相互理解によってなされるものだということである。このことは，フィールドワークの根本的な姿勢に通じる。

　上記のことを観光者にあてはめてみよう。観光者もフィールドワーカー同様，もはや「傍観者」ではないことは，前節において観光者の観光表象過程への参与，五感の重視などで示した。観光者も——たとえ反省的視点を欠いていても——観光対象世界の「文脈」へと分け入り，対象世界（自然環境や人間）とコミュニケーションをすることで意味の解釈と構築を同時に行っている。しかしながら，観光者が異文化のなかにおいても，自分の生活世界の文化を頑なに踏襲する行動をしていることは，観光学ではコーエン（E. Cohen）によって概念化された「観光の環境バブル（tourist environmental bubble）」論を用いて従来から説明されていた（Cohen 1972；Cortini & Converso 2018）。しかしながら，そのことが，観光者が観光地における「カルチャーショック」体験をしていないということにはつながらない。マキャーネルの「表舞台／舞台裏」論から前節で述べたように，観光は（特に現代の観光は），観光者の欲望が記号（marker）から外側の現象へと向かうことで成立している。現代観光は，一方で「観光環境バブル（environmental bubble）」の磁力の下にありながら，他方でそこから外に出でる力との緊張関係で成立しているのである。

　たしかに，フィールドワーカーは訓練された専門家であり，自らの日常世界から抜けだし，文化の再教育を求められるが（佐藤 1992：37），観光者はそこまで現地に馴染むことを要求されない。こういった点において，エスノメソドロジーが主張している観察対象の「有意性の構造」への同化の深さ（対象メンバーの「コンピテンス」[5] の獲得）——その背後にある行為者の意味を観察者の生活世界の文脈で解釈することの「一時停止」——を追求する態度は，観光者には認められそうにない。しかしながら，エスノメソドロジーが目指している一般の人びとがもつ実践の「方法」の徹底した探求は，じつは曖昧な点も多く，実態に合わないとの

批判を受けている。最も検討の価値があるのは，S. ウールガーと D. ポーラッチが行った恣意的な「存在論上の線引き（Ontological Gerrymandering）」の指摘である（ウールガー＆ポーラッチ 2000）。すなわち，エスノメソドロジストは観察対象の現実構成（多くはクレームの申し立てによる）の過程を解明しようとする時に，すでに観察者がそのことに焦点を当てるという形で，自らの関心のフレームを対象へとあてはめているのではないかという問題である。現実構成の過程を解明するエスノメソドロジーは，エスノメソドロジスト自身の現実構成の過程を閑却しているのである。この問題の解決には二つの点で重要な自覚の喚起が求められる。一つは，シュッツに立ち帰り，エスノメソドロジストも対象者の現実解釈を解明しながら，自身も現実解釈の実践を行っている（二重の解釈過程）という自覚である（ギアーツ 1987）。またもう一つは，観察者は観察対象者とのコミュニケーション的行為遂行をとおして，ともに現場の意味世界構成に参与しているという自覚である。

　当然のことではあるが，フィールドワーカーはそのまま現地の文化に完全に染まりきることはまずない[6]。フィールドワーカーはあくまで現地にとっては「異人（stranger）」なのであり，現地の文化の意味をそのまま馴染みの日常として受け入れることはない。フィールドワーカーの視点は，自らがもつ常識の視点からは逃れているとはいえ，対象の常識の視点でもなく，学問的に訓練されコントロールされたもう一つの「常識」（「第三の視点」）[7]をもつものである。フィールドワーカーは，観光の表象のために類型化された

5）行為者の自明な世界を自明なものとして実践できる能力のことをいう。

6）宗教を対象として宗教施設内でフィールドワークを行うフィールドワーカーがそのまま信者になる例は「オーバーラポール」として説明される。これはフィールドワークについてまわる問題といえるが，決して推奨されないであろう。

7）ただし，この視点が観察対象者の「常識」よりも優れているという保証はどこにもない。

記号を現象に解体するだけではなく，解体された記号を，もう一度学問体系のカテゴリーへと組み替えている（翻訳している）。すなわち，フィールドワーカーは対象者の「有意性の構造」に従いつつ行為の意味を解釈し，それを当該学問の「有意性の構造」へと解釈し直すことをしているはずである。あくまでも行為者の意味世界にもとづくものではあったとしても，それを観察者の意味世界へと移し換え，シュッツのいう，「適合性の公準」（シュッツ 1980：302）[8] を基礎としてもつ二重の構成物がこれに相当する。M. ウェーバー（M. Weber）の「理念型」もまた，行為者の意味解釈を基準とした，この二重の構成（解釈）の結果作られるモデルに近い（シュッツ 1980：294-308）。すなわち，フィールドワーカーは現地の行為者の現地理解に加えて通常もう一つの操作を行っている。エスノメソドロジストとて，対象者と観察者の解釈の比重は異なっても同一の構造の下にある。

　観光者はどうか。観光者もまた観光地解釈のために類型化された記号から，類型の外側の現象へと分け入る態度には同型性があるといえる。観光者もまた，自分の理解の枠組みを疑い，現地の行為者を理解しようとしつつ，もう一つの視点をもつ可能性をもっている。フィールドワーカーも観光者も「第3の視点」をもつ「異人（stranger）」としての役割を負っている。ただ，観光者の「二重の解釈」の拠り所である「第3の視点」は，フィールドワーカーが最終的に解釈の拠り所とする学問体系とは「有意性の構造」の体系性と深さが異なるだけである。また，観光者とフィールドワーカーは自らの生活世界とは文化を異にする観光地に「他者性」を発見し，そこにおける「カルチャーショック」を体験するといった点では類

---

8) 行為の科学的モデルに含まれるすべての用語は，それらによって記述する生活世界での個々の行為が，行為者自身によっても彼の仲間によっても日常生活の常識的解釈によって理解できるものであるように構成されていなければならない，ということを指す。

似している。再度強調すれば，現代の観光者と観光研究のフィールドワーカーの体験は深さと体系化といった深度を無視すれば，基本的な構造は似通っており，集合論的同型性（isomorphism）をもっているのである。

4　まとめ

　COVID-19 パンデミックによる観光的移動の制限は，観光とフィールドワークの実践に様々な制限を加えた。両者にバーチャル化やローカル化が迫られるなか，かえって観光とは何か，フィールドワークとは何かといった根源的な問いを突きつけられたといえよう。バーチャル化とローカル化といった制限下においても——いや，そうであるからこそ——両者は，これまで生活世界の日常にあった世界を「異世界」として再発見する「実践（practice）」へと開かれているのである。

　ただし，両者が同型性をもった文化創造の「実践者」なのだということは，観光者もフィールドワーカーも，自らの「実践」が現地の行為者の知識へと編入され，そのことから発生する正負のインパクト，すなわち現場の活性化にも，逆に諸葛藤にも加担しているということを意味している。観光者もフィールドワーカーも，現地（フィールド）に関わるかぎり，現地の世界の意味構成に責任を負っている。観光者も，フィールドワーカーも，現地の文化創造に関わりつつ「よそ者」という点では同じであり，その「異人」的役割がもつ創造的可能性と暴力性，それらが生み出す結果への責任もまた同型なのである。リスポンシブル・ツーリズムの発想はリスポンシブルなフィールドワークにも通じている。特にこの 2 年におよぶ COVID-19 のインパクトは，観光者もフィールドワーカーも傍観者ではいられないことを特に前景化したのである。

【付記】

この論考は，「観光とフィールドワークのパフォーマンス──Covid-19 にお
ける移動危機から見えてくる観光研究とフィールドワークの同型性について
の試論」『立命館大学人文科学研究所紀要』(131: 113–133, 2022 年) を基に，
大幅に書き変えたものである。

【引用・参考文献】

アーリ, J. ／加太宏邦［訳］(1995). 『観光のまなざし──現代社会におけ
　　るレジャーと旅行』法政大学出版局

アーリ, J. & ラーセン, J. ／加太宏邦［訳］(2014). 『観光のまなざし［増補
　　改訂版］』法政大学出版局

東　浩紀 (2014). 『弱いつながり──検索ワードを探す旅』幻冬舎

新井克弥 (2016). 『ディズニーランドの社会学──脱ディズニー化する
　　TDR』青弓社

ウールガー, S. & ポーラッチ, D. ／平　英美［訳］(2000). 「オントロジカ
　　ル・ゲリマンダリング──社会問題をめぐる説明の解剖学」平　英
　　美・中河伸俊［編］『構築主義の社会学──実在論争を超えて』世界
　　思想社, pp.184–213.

エルゲラ, P. ／アート＆ソサイエティ研究センターSEA 研究会（秋葉美知
　　子・工藤安代・清水裕子）［訳］(2015). 『ソーシャリー・エンゲイジ
　　ド・アート入門──アートが社会と深く関わるための 10 のポイント』
　　フィルムアート社

オースティン, J. L. ／坂本百大［監訳］(1991). 『オースティン哲学論文集』
　　勁草書房

ガーフィンケル, H. ／山田富秋・好井裕明・山崎敬一［訳］(1987). 『エス
　　ノメソドロジー──社会学的思考の解体』せりか書房

ギアーツ, C. ／吉田禎吾・柳川啓一・中牧弘允・板橋作美［訳］(1987).
　　「厚い記述──文化の解釈学的理論をめざして」『文化の解釈学I』岩
　　波書店, pp.3–58.

北川フラム (2015). 『ひらく美術──地域と人間のつながりを取り戻す』
　　筑摩書房

北野圭介 (2021). 『ポストアートセオリーズ──現代芸術の語り方』人文
　　書院

ゴッフマン, E. ／石黒　毅［訳］(1974). 『行為と演技──日常生活におけ
　　る自己呈示』誠信書房

佐藤郁哉 (1992). 『フィールドワーク──書を持って街に出よう』新曜社

シクレル, A.／下田直春［監訳］(1981).『社会学の方法と測定』新泉社

シュッツ, A.／森川眞規雄・浜日出夫［訳］(1980).『現象学的社会学』紀伊國屋書店

須川亜紀子 (2021).『2.5次元文化論──舞台・キャラクター・ファンダム』青弓社

須藤　廣 (2017).「観光者のパフォーマンスが現代芸術と出会うとき──アートツーリズムを中心に，参加型観光における「参加」の意味を問う」『観光学評論』5(1): 63-78.

須藤　廣・遠藤英樹 (2018).『観光社会学2.0──拡がりゆくツーリズム研究』福村出版

永井純一 (2016).『ロックフェスの社会学──個人化社会における祝祭をめぐって』ミネルヴァ書房

能登路雅子 (1990).『ディズニーランドという聖地』岩波書店

藤　浩志・AAFネットワーク (2012).『地域を変えるソフトパワー──アートプロジェクトがつなぐ人の知恵，まちの経験』青幻舎

橋本和也 (2016).「スポーツ観光研究の理論的展望──「パフォーマー・観光者」への視点」『観光学評論』4(1)：3-17.

マキァーネル, D.／安村克己・須藤　廣・高橋雄一郎・堀野正人・遠藤英樹・寺岡信悟［訳］(2012).『ザ・ツーリスト──高度近代社会の構造分析』学文社

森　彰英 (2007).『「ディスカバー・ジャパン」の時代──新しい旅を創造した，史上最大のキャンペーン』交通新聞社

ルーマン, N.／土方　透・大澤善信［訳］(2016).『自己言及性について』筑摩書房

山口　誠・須永和博・鈴木涼太郎 (2021).『観光のレッスン──ツーリズム・リテラシー入門』新曜社

山田富秋 (2015).「エスノメソドロジーとフィールドワークの分岐点──ガーフィンケルの思想形成から」『松山大学論集』27(4-3): 63-83.

山村高淑 (2017).「創造性とコンテンツ・ツーリズムをめぐる若干の随想」北海道大学観光学高等研究センター『CATS叢書』11: 25-32.

山村高淑・シートン, P.［編著監訳］(2021).『コンテンツツーリズム──メディアを横断するコンテンツと越境するファンダム』北海道大学出版会

Cohen, E. (1972). Toward a sociology of international tourism. *Social Research*, 39(1): 164-182.

Cortini, M., & Converso, D. (2018). Defending oneself from tourists: The counter-environmental bubble. *Frontiers in Psychology*, 9: 354.

MacCannell, D. (2011). *The ethics of sightseeing.* Berkeley, CA: University of California Press.

Urry, J. (2002). *The tourist gaze: Leisure and travel in contemporary societies, 2nd ed.* London: Sage Publisher.

フィールドワーク的観光の可能性
親密性をめぐる一試論

山本 理佳

▌1 はじめに

　コロナ禍とともにある今日，今後の観光のあり方が議論されている。特に現状あるいはその後に必要とされているのは，ホスト社会にとって負荷が少なく，かつ持続可能な社会維持につながる，適正で創造的な観光である。これまでもそうした観光は多く取り組まれてきたものの，市場規模が貧弱で，運営組織の人材不足もあり，事業の継続性には様々な困難がある。そこにはそうした観光を選択する観光客の存在が不可欠である。

　一方，近年では大学に多く導入されている観光教育に，観光産業に直接携わる人材育成のみならず，観光客（観光者）や観光地に生きる人びととしてのリテラシーを含みこむべきとする主張がなされている（山口ほか 2021）。すなわち大学は，上述の適正で創造的な観光をつくりだし，選択していく人材の育成に寄与することを期待されている。そうした場合，筆者は人文・社会科学分野の研究者が多く携わってきたフィールドワークを通じた地域社会との関わり方にこそ，大きな可能性が含まれているものと考える。本章は，今後あるべき観光の可能性をフィールドワークという点から捉え直し，「フィールドワーク的観光」というものを提案・検討することを目的とする。

2 観光の有様と大学の観光教育

2-1 観光の弊害と適正化

　新型コロナウイルス感染症（COVID-19）の世界的感染拡大が発生する直前には，特に観光の活発化が顕著であり，各地でのオーバーツーリズムをはじめとする様々な問題が社会的な耳目を集めた。それに呼応して，特定の観光地に観光客が集中する実態および対策などの事例研究・分析が行われてきたほか，オーバーツーリズムそのものについて検討し，その課題や対策・政策について考察する研究も進められている（佐滝 2019；谷本・谷本 2020 など）。そこに提示されている対策としては，総量制限（時間制限や客数制限，入場料の徴収など）や政策的な観光客分散化（広報・宣伝活動のほか，IT 技術を駆使した局所的集中問題の緩和），地域住民の観光政策への積極的関わりの促進などがあり，多くはホスト側主導による規制や課金等といった実践や対策が提言されている（権 2018；成美 2021 など）。

　ところが，今日のコロナ禍において，一転して観光客が激減する事態となり，観光地にはさらなる負担・影響をもたらすこととなった。いまだ出口がみえないコロナ禍のなか，現状では after コロナ，with コロナにおける新たな観光のあり方が議論されるようになっている。そこで特徴的であったのが，ホスト－ゲストの関係性やゲスト側の意識・価値観における変革を唱導している点にある（遠藤 2021；橋本 2021；薬師寺 2021 など）。すなわち，近年のオーバーツーリズムへの対策，あるいはこれまでの持続可能を目指す観光実践においても繰り返し示されてきた，ホスト主導というあり方のみならず，ゲスト側の何らかの変革に踏み入るべき，あるいは期待しうることが示されているのである。

2-2 大学における観光教育

　こうしたゲストの意識・価値観に働きかけうるものとして注目さ

れるのが，ツーリズム・リテラシーをめぐる大学での教育機能であ
る。ツーリズム・リテラシーは，「よりよい観光を実践するための
技法と思考」として，山口ほか（2021）で提唱されている。特に参
照すべきは，その対象とする主体である。「ツーリスト（観光者）」
「メディエーター（観光業）」「コミュニティ（観光地）」の三つの層
を設定し，特に第一の層とした「ツーリスト（観光者）」を重視す
る。これまでの大学での観光教育は，観光関連産業で働く人材が念
頭に置かれる傾向が強かったが，大学の観光系学部・学科から観光
関連産業への就職率はせいぜい 1 〜 2 割程度であり，業界の人材採
用においても大学の観光教育はあまり重視されていないという（加
納 2013；七枝 2018 など）。山口ほか（2021）では，大学の観光教
育での対象設定を，ほぼすべての人が長きにわたって関わることと
なる「ツーリスト（観光者）」も含めることによって，その裾野と
可能性を広げる。加えてポスト・コロナを見据えたゲスト／観光者
の変革が主張されるなか，大学教育は極めて重要な位置にあるとも
いえる。

　では具体的に，どのような観光教育が適切なものとして設定しう
るのか。先に示された「適正な観光」「責任ある観光」に直接資
するとすれば，観光倫理に関する教育になろう。ただし，観光倫
理研究の動向とともにその教育面での導入を見据えて考察した宮
本（2016）や薬師寺（2019）が指摘するように，その善悪の明確な
判断基準設定に困難が多くある点，観光がもつ楽しさ・快楽に制限
をかけることの適切性・実行性に疑問が付されている点などがあり，
進んでいないのが現状という。

　そこで本章では，そうした直接的な倫理性のみならず，観光者の
認識や価値観の変革にもつながる，大学の教育実践として，フィー
ルドワークを位置づけたいと考える。

3　フィールドワークとは何か

3-1　フィールドワークと親密性

　フィールドワークは一般に，現場や地域での調査研究作業を指す。文化人類学や地理学，社会学をはじめ，様々な人文社会科学分野で多くの研究者が携わってきた調査研究法である。それだけに，大学教員が関わる教育実践の一つとして適切かつ重要なものとして位置づけられる。ではそれは，どのように観光者のリテラシー（技能）と結びつくだろうか。とくに，それらは多様な分野において多様な形で実践されており，その具体的有り様から定義づけることは難しく，かつこのコロナ禍の，「現場や地域に赴く」ことすら制約が発生している状況下においては，フィールドワークとは何であり，そして何を人びとにもたらすものであるのかを改めて検討するべきではないかと考える。

　ここでは A. アパデュライのグローバル化時代のフィールドワークを考察した論考（Appadurai 1997）を参照する。文化人類学者のアパデュライは，その著書 *Modernity at Large*（Appadurai 1996）において，グローバルなフローが展開されるなか，ローカリティを様々に「生産」される多元的現象として捉えた。この論考（Appadurai 1997）は，そのことを前提としながら，グローバル化時代の民族誌やフィールドワークが直面する課題・問題にふれているものである。ここでは親密性（intimacy）を鍵概念としながら，フィールドワークを見知らぬ世界の親密な関係の網の目に入ることと捉え，最良の民族誌はつねにそうした親密性（の記述）を目指してきた，としている。そして，いかに流動的な現代にあっても，人間の生活は（対人間のみならず記憶・モノも含めた）親密性の実践を通して進行するが，ただその実践は必ずしも特定の時空間内に収まるもの（人びとがローカリティ，コミュニティ，あるいは社会と呼ぶもの，また民族誌が頼りにしていたものとも表現している）ではなくなっている，とする[1]。

　伝統的社会から近代そして後期近代，あるいはグローバル化社会，情報社会，モバイル社会への移行によって，人びとのあらゆる人・モノ・コトとの親密性の取り結び方は変容してきたが，何らかの形でその実践は展開されている。フィールドワークとは，そうした変容しつつも維持されている親密性の関係の網の目に入っていくこと，あるいはその関係の網の目に触れていくことを指す，と考えられるのではないだろうか。

　アパデュライの論点で興味深いのは，そのフィールドワークそのものが取り結ぶ親密性も視野に入れている点であろう。ここではむしろ，その対象とする関係性の網の目に絡め取られることなく，特権的な解釈者でいられたフィールドワーカーが，グローバル化のフローのなかではその特権的地位を維持できず，たとえばローカリティの共感や救済も求められるような状況に直面していることが指摘される[2]。

　このように，現代の社会内部で構築されている親密性の関係の網の目に，自らもその親密性の関係を何らかの形で取り結びながら入っていくことがフィールドワークである。とするならば，本章で提案する「フィールドワーク的観光」とは，たとえば観光地をローカルな親密性の関係の総体として捉え，一時的であれ浅いものであれ，自らもそこに身を置く，そして知的好奇心をもち，さらには知的探究を行う行動のこと，と定義づけることができる。

3-2　親密性の求心力

　「フィールドワーク的観光」が，大学生という若年層を対象と

1）論考内では，民族誌を書くことそのものに内在する研究者と調査対象者との間にある権力的な関係性にも言及がなされている。

2）この論考は，雑誌 *Antropology and Humanism* におけるフィールドワークの現代的問題に関する特集に寄せたものであり，ここで具体的にふれているフィールドワークの問題を直接提起しているのは，特集内論文のOrtner（1997）やBamford（1997）などである。

する点で，とくにその親密性[3] についてもう少し考察しておきたい。現代日本における若年層による親密性構築の特徴について，たとえば浅野（1999）は，自己の多元化が進行した現代，これまでの「深い」「浅い」という親密性判断の奥行きがなくなり，限定的・選択的に共有していく親密性が登場するという。あるいは関係性をつくっていく過程そのものを楽しもうとする側面も出てくる。また，土井（2004）では，今日の親密な関係性とは，多義化した個性を守るため，自分の率直な想いを抑え込み，過剰なほどの優しさを示しながら，相手が傷つかないよう配慮するものとなっていると指摘する。本章で「フィールドワーク」を定義づけるなかで用いている親密性は，当然，このような自己防衛的で浅いものでは成立しないが，ただしその内容はどうであれ，若年世代が親密な関係性を多様な文脈に応じてつくっていくことに貪欲ならば，それを求めようとする力も強く働く。そうした感覚的な嗜好性を入り口としながら，「フィールドワーク的観光」の段階的な有り様を，具体的な学生の学習的気づきにもとづいて，次節で考察していきたい。

4 教育経験における試論

4-1 対象とする研修授業

　筆者はこれまでに携わった9年間の大学教育において，ほぼ毎年，学外でのフィールドワーク研修の実施機会を得てきた（表10-1）。受講者数や行先，形態も様々であるが，研修先としたのが地元主導型の観光を積極的に行っている地域，そして内容として必ず含めていたのが観光関係者（行政職員，観光協会，市民団体，商店街関係者，宿泊施設経営者，交通事業者，ツアー関係者など）への聞き取りである。また地元主導で考案されたツアーの体験参加（関係者による

---

3) ここでは，アンソニー・ギデンズの親密性の議論を踏まえ，現代日本における親密性の問題を展開した桶川（2011）の議論を参照した。

表 10-1　フィールドワーク研修一覧
※⑧⑨はコロナ禍のため日帰りでの実施となった。

	実施機関	授業名	受講者数 （参加者数）	実施時期	行　先
①	愛知淑徳大学	国内フィールドス タディ 4	4	2013 年 9 月	長崎県佐世保市 （黒島）
②	愛知淑徳大学	国内フィールドス タディ 4	6	2014 年 9 月	長崎県佐世保市 （黒島）
③	愛知淑徳大学	国内フィールドス タディ 4	20	2015 年 9 月	岐阜県飛騨市 （神岡町・古川町）
④	愛知淑徳大学	国内フィールドス タディ 4	22	2016 年 9 月	岐阜県飛騨市 （神岡町・古川町）
⑤	愛知淑徳大学	交流文化演習 1a （ゼミ学習の一環 で実施）	20	2017 年 9 月	三重県熊野市
⑥	愛知淑徳大学	交流文化演習 2a （ゼミ学習の一環 で実施）	20	2018 年 9 月	岐阜県飛騨市 （古川町）
⑦	立命館大学	地域観光学フィー ルドワークⅠ	13	2019 年 5 月	和歌山県和歌山市 （加太・友ヶ島）
⑧	立命館大学	地域観光学フィー ルドワークⅠ	13	2020 年 11 月	京都市右京区 （大映通り商店街）
⑨	立命館大学	地域観光学フィール ドワーク（国内）	25 （10）	2021 年 6 月	京都市中京区 （京福電鉄・壬生寺）

案内の時もあり）もほぼ実施してきた。ここでは，それらに参加した学生のレポート内の感想に描きこまれた何らかの気づきについて，親密性との関わり方などから，段階的に捉えてみる。

4-2　フィールドワークによる気づきの多様な段階

　まず，彼らの感想で最も多くみられるのが，現地の人たちとの（些細な）触れ合いに対する満足感である。表 10-2 に，その感想の一部を示したが，住民との触れ合いや交流がもたらす，温かさ（暖かさ）や優しさ，そして楽しさなどを感じていることが捉えられる。温かさ（暖かさ）や優しさは，先の若年世代特有の表面的なものと

表 10-2　フィールドワークによる気づき（1）

科目	受講者の感想
②	地元の人達と夕飯を食べたのは普段経験できないことなので楽しかった。最初は年代の違う人達とご飯食べてなにが楽しいのかと思っていたけれど，黒島の色々なお話が聞けて楽しかった。広い交遊関係を持ちたいと思った。島から帰る時も1日の宿泊だったのにすごく去ることがさみしいと感じた。もっと一緒にいたいと思った。こんな貴重な経験ができて本当良かったと思った。…地域を活性化させようとしてる人達がたくさんいて，そのために色んなことを考えてることは大変そうだけど楽しいことだと思った。自分の将来の選択肢が今回の旅行で大きく広がった。
③	夜ご飯を買い出しからすべて皆で協力してご飯を作るのが楽しかったです。私は，昼の市街地歩きで惣菜を購入してくるという役割だったのですが，惣菜屋さんのおばちゃんが，私たちが買うものに迷っていると一緒に選んでくれたり，足りないものはすぐに作ってくれたり，サービスも驚くほどにしてくれて，惣菜屋さんに買いに来た地元の人は気さくに話しかけて古川町の人たちはとても優しくて温かい人たちばかりだと感じました。
⑦	2日間のフィールドワークによって，地元の人の優しさを感じました。加太を観光しているときに「どこから来たの？」と声をかけてくださったり，お土産を購入するときに値切ってくださったりとガイドブックに載っていない魅力もたくさんありました。
⑦	フィールドワークを行ったが，とても楽しかった。フィールドワークを進めていく中で，ただ目だけで加太を感じるのではなく，町の住民の方々に話を聞いたりして加太の良さを知るなど，ある種の冒険のような楽しさであった。逆にそういった町の人にきいて自ら加太の良さを探すというような観光の形もあるのではないかと考えた。

表 10-3　フィールドワークによる気づき（2）

科目	受講者の感想
③	実際に飛騨市，神岡町と古川町に訪れてみて，今まで行った観光地との違いを感じることばかりだった。見ること，聞くこと，感じることすべてが新鮮で新しい発見があった。地域それぞれにそれぞれの課題があり，取り組みや工夫がされていることに気づいた。
⑤	世界遺産の授業で熊野古道を知っていたけど，15年間毎日2メートルずつ山道を掘り起こしたり道の整備をしたり地元の人達のおかげで熊野古道ができあがったことは知らなかったし感動した。世界遺産を訪れるのも棚田を見るのも初めてで，貴重なお話も聞けて良い経験ができた。
⑦	加太や友ヶ島について，この授業で取り上げられるまで，何の知識も持っていなかった。しかし，事前準備を行い実際訪れてみると，この地域の魅力にたくさん触れることができた。地域の方々の，町おこしのための観光に対する熱意が伝わってきて，小さい町でもこのような地域があるということを知ることができた。個人的にもう一度訪れたい場所となった。
⑨	学生からの視点では思いもよらなかった企業の努力などを，実際に企画を担当した方から話を聞くことでよりわかりやすく学ぶことができて大変興味深かった。

もいえるが，いずれにしても彼らにとっての親密性といった感覚を抱いていることが読み取れる。また，これまでの旅行とは異なる楽しさ，再訪の意欲，将来の旅行の選択肢が広がった，など，自身の観光者としての行動選択に影響をもたらしたことを述べているものもある。

　さらに，自分自身が親密な関係性を「感じる」ことよりも，その観光資源と地域の人びととの間にある親密な関係性を「知る」ことが自分の経験の価値をより高めることになったと感じているものもみられた。表10-3に示したものであり，発見や気づき，驚き，興味深いといった知的好奇心に満ちた感想となっていることがわかる。

　そして表10-4には，表10-3と同様，親密な関係性を「知る」ことを経験したものではあるが，今後もさらに知的探究を進める意欲

表10-4　フィールドワークによる気づき（3）

科目	受講者の感想
②	離島の現状を知り，このフィールドスタディでは，知らなかったことを大いに学び，知ることができ，貴重な経験を積むことができました。黒島を訪ねて，その後を知り島民の方との交流を深めたいです。
③	飛騨市古川町に行き一番印象に，今後必要な考えだと思ったことは，「観光資源をどう捉えるか」ということです。今回見てきた中では，瀬戸川が一番印象に残りました。瀬戸川も高度成長の時期は汚れとても使えるような水ではなかったが，それを美しい水として復活させようとした。つまり，地域の人の捉え方次第で，50年，100年続く資源にもなれば，なくなってしまうことすらある。僕はこのことを通して，各地でビジネスをしていらっしゃる方へ興味を持ちました。今後はそういった方の元へ行き，お話しを聴きにいってみたいです。
⑤	知らないことをたくさん知ることのできた。今まで自分が生活してきた中にも，ひつじみかん牧場を始めたご夫婦のような人と会ってきたのかもしれないと思いました。ただの観光場所であると決めつけてしまうとそこがオープンするにいたった経緯・理由などを知ることができないし，知ろうとしていないことにつながると考えました。多くの人が関わりあって，熊野古道も丸山千枚田も観光地として成り立っているのだと改めて知りました。
⑦	どれだけ文献やインターネットで調べていたとしても，実際に行ってみないとわからないことは多いと感じました。私たちAグループは，二名の方に時間をとっていただいて聞き取りを行う機会がありましたが，この経験は本当に大きなものだったと思います。とても有意義な聞き取りでした
⑨	大学での学びの中では気づけないような発見を得られることや，様々な立場の人の話を聞けることで，自分の見識や価値観が広がると感じた。

をもったこと，もしくはこれまでの自身の日常的な知的探究のあり方を振り返り，今後に向けた変革の意欲をもちえたことなどが述べられている。

　以上より，大学のフィールドワーク研修がもたらす，地域の人びとの親密性の関係の網の目への知覚は，観光者の有り様としては三つの段階的なレベルで捉えられる。第一に，彼らなりに地域との親密性を感じ，そこに一定の満足を得るという段階であり，それを新たな旅行のあり方として自分のなかに取り込もうとする。一方的で浅いものではあるものの，地域住民との触れ合いの心地よさや楽しさを知覚したことによって，感覚的には今後，フィールドワーク的観光を嗜好する可能性をもつ。第二に，自分の眼前にある観光資源が何かしら地域社会や関係者の働きかけによって立ち現れていることを知ったことが，実際に当該資源と対峙した際の感動や満足に作用している段階である。観光資源と社会との間に取り結ばれている親密な関係性の世界を捉える知的好奇心は，観光における情動を増大しうる。このことを理解したことで，今後フィールドワーク的観光を志向する可能性をもつ。さらに第三の段階では，もはや観光の枠内に限定せずに，これまでの知的探究の変革やフィールドワーク的探究の意志をもつ。いわば，フィールドワーク的観光を思考する，そのような人材となりうる可能性をもつ。

　このように，フィールドワークという親密性で理解しうる手法の教育的効果を段階的に捉えることで，たとえ主観的で独りよがりな解釈がスタートであったとしても，さらなる教育の機会を見出していくことは可能であろう。そこから，そうした教育を経た観光者の「フィールドワーク的観光」は少しずつ浸透していく可能性をもつのではないだろうか。

5　むすびにかえて

　全国的に多く展開される，地域住民が主体となって行われるツ

アー（着地型観光／コミュニティ・ベースド・ツアー）は，多くが無償であり，有償でも交通費程度であったり，かなり安価なものとなっている。そうすると，ガイド運用は極めて厳しい。一方，2～3時間のツアーについて，1人5千円程度の料金を設定しているものは，なかなか参加者が安定的に集まらず，苦戦していた。ある事業者は，行政からの補助金を投入することで成立させ，また，ある事業者はインバウンド需要により何とか成立させていた。日本人観光者は欧米と比較すると，体験型ツアーに対する金銭の価値づけがシビアで需要が多くないため，インバウンドに頼らざるをえないとのことであった。ほかの事業者は，宿泊施設やシェアオフィスなど他事業との組み合わせにより，成立させてもいた。こうした小規模な地元主導型の観光事業の安定的運用には，少なくとも現在よりは多くの，かつ堅実で理解ある観光者を必要としている。その意味で，第一，第二の段階の「フィールドワーク的観光」を嗜好／志向する観光者を輩出する教育は重要であろう。局所的に集中し，格差を拡大していく観光を乗り超えるためにも，親密性を多元的に求める若年層の需要を，当然その親密性の限界やリスクとも向き合いながら，適正な方向へ向けていくことが求められているといえる。

【付記】

本章は，『立命館大学人文科学研究所紀要』（131, 2022年）掲載の同タイトル論文を改稿したものである。

【引用・参考文献】

浅野智彦（1999）.「親密性の新しい形へ」富田英典・藤村正之［編］『みんなぼっちの世界』恒星社厚生閣, pp.41–61.

遠藤英樹（2021）.「アフター＝ウィズCOVID-19の観光の可能性──「リスクの贈与」から「歓待（ホスピタリティ）の贈与（ギフト）」への弁証のために」『立命館大学人文科学研究所紀要』125: 3–22.

桶川　泰（2011）.「親密性・親密圏をめぐる定義の検討──無定義用語と

しての親密性・親密圏の可能性」『鶴山論叢』11: 23–34.

加納和彦（2013）.「観光関連学部・学科等における「学び」と将来の「仕事」との関係について――愛知淑徳大学交流文化学科観光分野専攻での調査結果を参考に」『愛知淑徳大学論集 交流文化学部篇』3: 17–36.

権　俸基（2018）.「グローバル観光の振興とオーバーツーリズム」『広島文化学園大学ネットワーク社会研究センター研究年報』14（1）: 45–54.

佐滝剛弘（2019）.『観光公害――インバウンド4000万人時代の副作用』祥伝社

谷本由紀子・谷本義高（2020）.「ヴェネツィアにおけるオーバーツーリズムとその概念に関する一考察（1）――日本・京都への示唆」『関西外国語大学 研究論集』112: 223–252.

土井隆義（2004）.『「個性」を煽られる子どもたち――親密圏の変容を考える』岩波書店

七枝敏洋（2018）.「観光系学部・学科から観光関連産業への就職についての実証研究――観光関連産業は大学の観光専門教育を重視して学生を採用しているか」『比治山大学短期大学部紀要』53: 11–20.

成実信吾（2021）.「クルーズ船によるオーバーツーリズム問題，その緩和策の考察」『東洋大学大学院紀要』57: 117–136.

橋本和也（2021）.「コロナ禍以後の観光――「一般生活者・一般観光者」の民俗的視点から」『立命館大学人文科学研究所紀要』125: 125–150.

宮本佳範（2016）.「観光倫理研究の課題と展望」『観光学評論』4（2）: 135–148.

薬師寺浩之（2019）.「観光倫理研究と教育の発展に向けた一考察」『地域創造学研究（奈良県立大学研究季報）』29（4）: 27–50.

薬師寺浩之（2021）.「新型コロナウイルス感染症がもたらした危機からの観光の回復と危機を契機とした変化・変革をめぐる論点の整理」『立命館大学人文科学研究所紀要』125: 151–184.

山口　誠・須永和博・鈴木涼太郎（2021）.『観光のレッスン――ツーリズム・リテラシー入門』新曜社

Appadurai, A.（1996）. *Modernity at large: Cultural dimensions of globalization*. Minneapolis, MN: University of Minnesota.

Appadurai, A.（1997）. Discussion: Fieldwork in the era of globalization. *Anthropology and Humanism, 22*（1）: 115–118.

Bamford, S.（1997）. Beyond the global: Intimacy and distance in contemporary fieldwork. *Anthropology and Humanism, 22*（1）: 110–114.

Ortner, S. B.（1997）. Fieldwork in the postcommunity. *Anthropology and Humanism, 22*（1）: 61–78.

トラベル・ライティングが生み出す魔力
コンタクト・ゾーンとしてのE・レインのエスノグラフィー

安田 慎

▌1　はじめに

　COVID-19（新型コロナウイルス感染症）の世界的な感染拡大
が，フィールドワークのあり方を大きく変貌させてきた点は，す
でに本書の多くの章のなかで議論されているとおりである。「研究
対象の存在する場所に身をおいて，一次資料を集める調査方法」
（熊谷 1999：165）として捉えられることが多いフィールドワーク
は，身体感覚を用いた現地調査を，当然のものと見なしてきた（田
中 2018）。身体感覚を通じて，現場の参与観察や他者とのコミュニ
ケーションを積み重ね，厚い記述を目指していくフィールドワーク
では，研究対象となる社会に身を置くことは，あえて論じる必要も
ない，至極当然のことと捉えられている。あるいは，「フィールド
ワークで蒐集したデータに基づいて生みだす他者表象のテクスト」
（田中 2018：69）としてのエスノグラフィー（民族誌）は，フィー
ルドワークとともに，文化人類学をはじめとする質的研究のアイ
デンティティとなってきた。しかし，COVID-19 の流行下において，
身体的な移動をともなう現地調査が困難となり，エスノグラフィーを
描き出すこともまた，難しくなっている。この状況を打破するため
に，オンライン・フィールドワークをはじめ，様々な形のフィール
ドワークやエスノグラフィーのあり様が，現地調査を主たる研究手
法としてきた研究者たちによって模索されている。

　そのなかで，観光や旅行は低調であるにもかかわらず，身体的
移動をともなった経験を書き記していく，トラベル・ライティング

（travel writing）が活発になっている点は興味深い。特に，トラベル・ライティングを生計手段としてきたトラベル・ライターたちによって，新たなテーマ設定や旅行経験のあり方を模索することで，トラベル・ライティングの魅力を高めていこうとする動きが隆盛している（Vater 2020；Fisher & Robinson 2021）。そのなかで，過去や現在の自分や他者の旅行経験を編纂しながら，観光や旅行の意味を問い直す動きも活発になっている点を，私たちはどのように解釈すればいいだろうか。この昨今のトラベル・ライティングをめぐる動きに，COVID-19 以後のフィールドワークやエスノグラフィーの意義と可能性を見て取ることができるのではないか。

　トラベル・ライティングをめぐる研究では，執筆者個人のミクロな旅行経験や感性に基盤をおきながら，旅行先の社会を描き出していく記述スタイルが定着してきた。個々の記述された旅行経験は執筆者の主観を多分に含みこむものの，その記述が個人を取り巻く社会環境を色濃く反映している点や，旅行者と現地社会が結節する場の邂逅や相互交渉を描き出す点で，社会を映し出す鏡として研究者たちは捉えてきた（Thompson 2011；石橋 2015；舛谷 2019）。この点を，メアリー・ルイーズ・プラットは後程詳しく議論するように，「コンタクト・ゾーン（contact zone）」という概念で言い表し，旅行記の新たな研究の可能性を広げてきた（Pratt 2008；初版発行 1992）。COVID-19 下におけるトラベル・ライティングの隆盛もまた，新たな形での「コンタクト・ゾーン」を模索する動きとしても捉えられるかもしれない。

　中東地域研究においても同様に，トラベル・ライティングがフィールドワークにおける多くの示唆に富む議論を提供するプラットフォームとなってきた（赤堀 2015；安田 2021）。そのなかでも，エドワード・ウィリアム・レイン（Edward William Lane, 1801–1876）の旅行記は，中東におけるフィールドワークやエスノグラフィーの先駆的事例として，多くの示唆に富む議論を提供する。彼の代表作である『現代エジプト人の風俗慣習（*Manners and*

Customs of the Modern Egyptians）』（Lane 2014；初版発行 1836）
は，中東におけるフィールドワークやエスノグラフィーの古典と
して取り上げられることが多い（サイード 1993；大塚 2004；ミッ
チェル 2014；赤堀 2015）。赤堀雅幸が指摘するように，「単独で現
地調査を行い，人々の生活に根差した細々とした情報を集めて一個
の著作をなした点で，人類学者たちはレインを自分たちの学問の先
駆者と評価してきた」（赤堀 2015：122）点で，他の旅行者たちに
よる旅行記とは異なった存在として捉えられてきた。さらに，彼の
著作が 21 世紀にいたるまで，繰り返し出版され，人びとに読み継
がれ，参照されてきた点も，エドワード・レインの影響力の一端を
示している。以上より，エドワード・レインの成果を今一度整理し
直すことで，フィールドワークやエスノグラフィーの意義を考え直
すことは，COVID-19 の社会情勢のなかで，有用性をもつであろう。

　一連の議論を踏まえたうえで，本章ではフィールドワークにお
けるトラベル・ライティングの役割について，エドワード・レイン
の旅行記を事例に考えていきたい。特に，エドワード・レインの旅
行記がいかなる形で社会に受容されていったのかという点と，彼が
描き出したエジプト社会が，いかにフィールドワークやエスノグラ
フィーに影響を及ぼしてきたのかを明らかにしていきたい。

2　語り継がれるエドワード・レインの旅行記

　エドワード・ウィリアム・レインは，現地社会での長期滞在や
ミクロな参与観察を通じて，19 世紀エジプト社会を丹念に描き出
した，「フィールドワーカー」の先駆者として描かれる人物である
（Thompson 2010；赤堀 2015）。特に，彼の代表作である『現代エ
ジプト人の風俗慣習』は，エジプト社会に関するエスノグラフィー
の古典として，現代にいたるまで様々な研究者やエジプト人によっ
て参照，引用されている博物誌的な旅行記である。

　イギリス・イングランド西部のヘレフォードに生まれ，石板画家

をしながら独学でアラビア語を習得したエドワード・レインは，病気療養のために 1825 年から 3 年にわたってエジプトに滞在する。その間，個人的に興味関心のあった古代エジプトに関する様々な情報を集積するとともに，古代遺跡やエジプトの情景のスケッチ画を多数描いてきた。さらに，エジプトの一般大衆と同様の生活環境のなかに身を置き，エジプト社会に関わる多様な風俗や慣習についても記録に留めてきた（Thompson 2010）。

　エジプトにおける滞在経験の成果を踏まえ，エドワード・レインはイギリス帰国後にジョン・マレー 2 世に出版企画を持ち込む（Thompson 2008；2010）。そこでは，フランス・ナポレオン遠征隊に同行した学者たちによって編まれた『エジプト誌（*Description de l'Égypte*）』の続編となる，新たな博物誌（『エジプト誌（*Description of Egypt*）』）を広く社会に公表しようと考えていた。しかし，当時の西洋社会で広まっていた，トラベル・ライティングをめぐる社会潮流を踏まえ，現代の大衆の社会慣習に関する部分を単独で出版することをジョン・マレーに薦められる（Thompson 2008；2010）。

　1833 年から 2 年に渡って追加の現地調査を行ったうえで，1836 年には『現代エジプト人の風俗慣習』を出版し，ヨーロッパにおける随一の中東専門家としての地位を確立する。さらに，彼が長期滞在を通じて描き出した博物誌的な旅行記は，研究者のみならず，エジプト人たちにとっても，エジプト大衆文化を知るための基本書として受容されてきた。

　『現代エジプト人の風俗慣習』では，19 世紀当時のエジプト社会の衣食住から宗教，娯楽，民間信仰，年中行事，通過儀礼といった領域を網羅し，博物誌的に情報を集積して分類するものであった（Lane 2014）。文化人類学者のティモシー・ミッチェルが指摘するように，レインはエジプト人と同様の生活を過ごすなかで情報提供者たちの信頼を勝ち取り，ミクロな参与観察に基づく網羅的な情報を集積することに成功し，豊富な事例を入手してきた（ミッチェル

2014：41)。しかし同時に彼は,「対象物から距離をとり客観的であ
ろうとして,その構図のなかからヨーロッパ人観察者の姿を排除」
することで,記載内容の客観性を担保しようとしてきた(ミッチェ
ル 2014：39)。

　このエドワード・レインの調査手法や記述スタイルは,20世紀
中葉にエドワード・サイード(Edward Said, 1935-2003)によって
痛烈に批判される(サイード 1993)。サイードは,エドワード・レ
インが本当の意味でエジプト社会に入り込むことはなく,あくまで
も外部者としての視点からエジプト社会を見てきた点を指摘する。
それにもかかわらず,彼がさも内部に入り込み,すべてを理解しか
たのように社会を描き出すことに対する欺瞞と矛盾に怒りをあらわ
にする(サイード 1993；大塚 2004)。あるいは,エドワード・レ
インの記述が繰り返し後世のオリエンタリスト(東洋学者)によっ
て参照,引用されていく過程で,記述内容が権威を帯び,現代のエ
ジプト社会を縛りつける権力と化していく点を指摘する(サイード
1993；ミッチェル 2014)。

　エドワード・サイードの批判の妥当性は,他の研究者によって
様々な形で検証され,サイードの批判の問題点も明らかにされて
きた(大塚 2004)。一連の検証を通じて,エドワード・レインの旅
行記は,彼個人の旅行経験としてよりも,19世紀当時のエジプト
社会の民俗風習を描き出したエスノグラフィーとして,高い評価を
受けるようになる(赤堀 2015)。実際,同時代には数々の旅行者や
著述家たちによって,エジプトに関する旅行記やガイドブックが相
次いで出版されてきたにもかかわらず,エドワード・レインの旅行
記はエジプト社会に関するエスノグラフィーとして,敬意が払われ
続けてきた。この点を,私たちはいかに解釈すればいいのだろうか。
もちろんその背景には,彼の著作が「社会人類学書」として「科学
的」であることを志向し,非人格的記述を試みた点で,当時の他
の旅行記とは一線を画していた点を指摘することはできる(大塚
2004；Thompson 2008；2010)。しかし,エドワード・サイードの

批判にもかかわらず，人びとが繰り返しエドワード・レインの記述に依拠していく状況を，単なる一次資料を得るための手段としてのみ捉えることは，トラベル・ライティングやフィールドワークの役割を矮小化してしまっているのではないか。

　むしろ，後世の人びとはエドワード・レインの著作を読むことを通じて，エジプト社会の現地情報を知ること以上の何かを見出しているようにもみえる。それでは，エドワード・レインの著作がもつ社会的役割や意味とは何であるのか。この点を，次節で探っていきたい。

3　コンタクト・ゾーンとしてのエドワード・レインのエスノグラフィー

　トラベル・ライティングの社会的役割や意味をめぐっては，メアリー・ルイーズ・プラット（Mary Louise Pratt）による「コンタクト・ゾーン（contact zone）」の議論が示唆に富む（Pratt 2008；田中 2018）。

　メアリー・プラットは，西洋社会におけるトラベル・ライティングの伝統を紐解きながら，コンタクト・ゾーンを，「まったく異なる文化が出会い，衝突し，格闘する場所」と位置づけ，「支配と従属という極端な非対称的な関係において生じる」社会空間と定義づける（Pratt 2008：7）。そのなかで，コンタクト・ゾーンは歴史的には植民地主義における「邂逅の空間」であり，「地理的にも歴史的にも分離していた人びとが接触し，継続的な関係を確立する空間」と見なす（Pratt 2008：7）。しかし同時に，コンタクト・ゾーンは「地理的かつ歴史的に，以前は分かれていたが今やその軌道が交差することになった主体の，空間的かつ時間的な共在を想起させる試み」であり，「いかにして主体が相互の関係において，かつ相互の関係によって構築されるのかということを強調する」（Pratt 2008：7）。それゆえ，「植民地支配者と被支配者，旅行者とそれを受け入れる人びととの関係を，分離やアパルトヘイトによってでは

なく，しばしば権力の根本的な非対称的関係が存在する中での共在，相互作用，絡みあう理解や実践によってとり扱う」視点である（Pratt 2008：8）。

　メアリー・プラットの議論を受けて，文化人類学者の田中雅一は，コンタクト・ゾーンの概念をフィールドワークやエスノグラフィー全般にまで拡張しようとする（田中 2018）。そこで明らかとなるのは，文化人類学を中心に営まれてきたフィールドワークもまた，調査者本人も含めた現地社会における邂逅や相互交渉のなかで営まれている実践である，という当たり前の事実である。それにもかかわらず，従来のフィールドワークやエスノグラフィーの多くは，調査者が不在であるかのように，俯瞰的・客観的に現地社会を描き出していく点を問題視する（田中 2018：155–157）。

　田中雅一はむしろ，「歴史時代の大半を通じて，人類はすでに他者と接触し，社会生活を形成していた」（田中 2018：160）という事実を踏まえ，接触領域としてのコンタクト・ゾーンこそが，現地社会を理解する格好の領域である点を強調する（田中 2018：160）。私たちはコンタクト・ゾーンにおける邂逅や相互交渉といった接触経験を通じて初めて，「現地社会」なるものを理解可能になる点を強調する（Pratt 2008；田中 2018）。それゆえ，私たちが「現地社会」と認識するものは，ア・プリオリに自生しているものではなく，「歴史的に異質なものが共存している状態」（田中 2018：160）を示すとともに，様々な他者との交流の結果として顕在化していくものである（田中 2018）。

　トラベル・ライティングやエスノグラフィーもまた，現地社会や他者との接触経験を生み出す，コンタクト・ゾーンとして存在し続けている（Pratt 2008；田中 2018）。ある特定の時間的・空間的な環境における接触経験を刻印したトラベル・ライティングたちは，人びとに読まれるという経験を通じて，さらなる邂逅や相互交渉の接触経験を生み出していく。むしろ，時間的・空間的な制約を受けずに現地社会との擬似的な邂逅や相互交渉を促すトラベル・ラ

イティングは，より多くの接触経験を生み出すメディアとして機能しているといえる。それがゆえに，身体的移動が容易となった現代社会においても，継続してトラベル・ライティングやエスノグラフィーが生産され続けてきた。

コンタクト・ゾーンをめぐる一連の議論を踏まえると，エドワード・レインの旅行記もまた，ある特定の時代的・空間的な環境のなかで編まれた，エジプト社会をめぐる接触経験を記録したものである。その点，エドワード・レインによって形成された，コンタクト・ゾーンとして捉えることができるであろう。しかし，エドワード・レインの旅行記が，時代や地域を超えて多くの読者によって読まれ，参照され，語られていく過程で，いくつもの邂逅や相互交渉の接触経験を蓄積し，エジプト社会の時間的・空間的な固有性を顕在化してきた。繰り返しになるが，トラベル・ライティングとはそれゆえ，極めて個人的な営為であるにもかかわらず，常に異なる社会同士の邂逅や相互交渉を促進する，接触領域として機能し続けている。

4　おわりに

本章では，エドワード・レインの旅行記を取り上げながら，フィールドワークにおけるトラベル・ライティングの役割について論じてきた。最後にこれまでの議論をまとめていきたい。

エドワード・レインの旅行記は，それまでのトラベル・ライティングの伝統とは異なり，調査者自身の存在を旅行記のなかから消し去り，エジプト社会に関する風俗や慣習を，俯瞰的・客観的に記述する形式を貫いてきた。この博物誌的な記述スタイルが，ある特定の時間的・空間的な環境におけるエジプト社会の特徴を鮮やかに描き出し，エジプト社会を知る貴重な情報源として，人びとの間で重宝されてきた点を確認した。特に，彼の旅行記が文化人類学を中心とする研究者たちや，エジプト大衆によって受容されていくなかで，単なる博物誌的情報の集積という文脈を超え，エジプト社会や大衆

を語る貴重なエスノグラフィーとしての地位を確立していく。

　エドワード・レインの旅行記がエスノグラフィーとして受容され，人びとの敬意を得てきた背景を探ると，そこにはフィールドワークにおけるエスノグラフィーの意義を見出すことができる。メアリー・プラットや田中雅一をはじめとする研究者たちが論じてきたように，異なる文化や社会が邂逅し，相互交渉を促す社会空間としての「コンタクト・ゾーン」が，人びとの接触をより活発にしていくことで，現地社会の固有性を顕在化させてきた。それゆえ，エドワード・レインが描き出したトラベル・ライティングのなかのエジプト社会もまた，現地社会との邂逅や相互交渉の機会を生み出す主要なコンタクト・ゾーンとなってきた点を見て取ることができる。さらに重要な点として，トラベル・ライティングという形態を取ったエドワード・レインの接触経験は，エスノグラフィーとして時代や地域を超えて人びとの間で受容され，新たなエジプト社会との邂逅と相互交渉を生み出し続けてきた。それゆえ，人びとはトラベル・ライティングをはじめとするコンタクト・ゾーンの存在抜きには，エジプト社会との邂逅や相互交渉の糸口を見出すことができなくなってしまっている。

　一連の議論を踏まえると，フィールドワークにおけるトラベル・ライティングの役割とは，時間的・空間的な環境を超越するコンタクト・ゾーンを形成するメディアとして機能している，と結論づけることができる。このコンタクト・ゾーンの機能によって，エジプト社会の時間的・空間的な固有性は再帰的に顕在化してきた。それゆえ，エドワード・レインのエスノグラフィーがその記述スタイルもさることながら，人びとのエジプト社会との接触経験を涵養し，社会の固有性を浮かび上がらせていく力をもっている点にこそ，現代にいたるまで読み継がれ，参照されていく原動力を見出せる。

　本章の議論を踏まえると，COVID-19 の状況下で顕在化してきた現代社会におけるフィールドワークの意義とは，単なる一次資料の収集のための調査手法や，現地社会に対する深い洞察や理解という

文脈をはるかに超えるものである点がみえてくる。フィールドワークとは，私たちの社会生活における豊かな「コンタクト・ゾーン」を創出するための社会的実践として捉えることができるのではないか。むしろ，COVID-19 の流行によって，私たちの日常生活のなかにあまねく広がり埋め込まれていた，数多くのコンタクト・ゾーンが消失していくなかで，私たちは他者や地域社会，世界について知る機会を失い続けている。それは，単なる他者との交流や交渉の減退という文脈を超え，世界がいかなる存在であるのか，他者とは何者であるのか，私たち自身がいかなる存在であるのか，という実存的な問いの欠如へとつながっていく点で，私たちを危機的状況へと追い込んでいく。それゆえ，デジタル空間におけるオンライン・フィールドワークをはじめとする新たな可能性への期待や，トラベル・ライティングをはじめとする古典的なコンタクト・ゾーンの再評価にもつながっている。

　トラベル・ライティングはそのなかで，コンタクト・ゾーンとしての接触経験を通じて，時代を超え，地域を超え，他の社会と私たちの関与やつながりを生み出し続けてくれている。この「トラベル・ライティングが生み出す魔力」こそが，私たちにフィールドワークの魅力を教えてくれるのだ。

【引用・参考文献】

赤堀雅幸（2015）.「現代の地域研究が試される場の一つとしてのエジプト」『日本中東学会年報』30(2): 121–126.

石橋正孝（2015）.「ミシェル・ビュトールと観光文学の可能性」『立教大学観光学部紀要』17: 27–44.

大塚和夫（2004）.「ヴィクトリア朝時代とナイル河谷のイスラーム世界」『ヴィクトリア朝文化研究』2: 3–20.

熊谷圭知（2013）.「かかわりとしてのフィールドワーク──パプアニューギニアでの試行錯誤的実践から」『E-journal GEO』8(1): 15–33.

サイード, E. ／今沢紀子［訳］（1993）.『オリエンタリズム（上・下）』平凡社

田中雅一（2018）．『誘惑する文化人類学——コンタクト・ゾーンの世界へ』
　　世界思想社

ミッチェル，T.／赤堀雅幸・大塚和夫［訳］（2014）．『エジプトを植民地化
　　する——博覧会世界と規律訓練的権力』法政大学出版局

舛谷　鋭（2019）．「トラベルライティングを考える」『立教大学観光学部
　　紀要』21: 12–18.

安田　慎（2021）．「白い異邦人から真正なる巡礼者へ——ヨハン・ルード
　　ヴィヒ・ブルクハルトのマッカ巡礼経験をめぐる再帰性と超越性」千
　　葉悠志・安田　慎［編］『現代中東における宗教・メディア・ネット
　　ワーク——イスラームのゆくえ』春風社, pp.79–100.

Fisher, G., & Robinson, D.（eds.）（2021）．*Travel writing in an age of global
　　quarantine*. London: Anthem Press.

Lane, E. W.（2014）．*Manners and customs of the modern Egyptians*. Cairo:
　　American University in Cairo Press.

Pratt, M. L.（2008）．*Imperial eyes: Travel writing and transculturation,
　　2nd ed*. London: Routledge.

Thompson, C.（2011）．*Travel writing*. London: Routledge.

Thompson, J.（2008）．An account of the journeys and writings of the
　　indefatigable Mr. Lane. Saudi Aramco World, 59（2）〈https://web.
　　archive.org/web/20080829145801/http://www.saudiaramcoworld.
　　com/issue/200802/the.indefatigable.mr.lane.htm（最終閲覧日：2021
　　年9月30日）〉

Thompson, J.（2010）．*Edward William Lane: 1801–1876: The life of the
　　pioneering Egyptologist and Orientalist*. Cairo: American University
　　in Cairo Press.

Vater, T.（2020）．Guidebooks in the age of COVID-19. Nikkei Asia.
　　〈https://asia.nikkei.com/Life-Arts/Life/Guidebooks-in-the-age-of-
　　COVID-19（最終閲覧日：2021年9月30日）〉

観光研究のフィールド
「現実」と「仮想」の間に生成する空間／場所

堀野 正人

1 はじめに

　インターネットをプラットフォームとするSNSの機能や，それに連動するモバイルな情報機器の普及は，これまでとは異なる観光の可能性を示唆している。また，新型コロナウイルス感染症（COVID-19）の拡大による人の移動，接触の制限は，人びとのつながり方にも大きな変化を及ぼしている。こうした環境条件の変化は，観光やそのフィールドをも変容させていくものと思われる。

　本章では，まず，観光研究におけるフィールドの様相について，その特徴を大まかに示したい。そして，地域と観光の関わりに着目し，相克する「空間」と「場所」の位相からフィールドを捉える。さらに，最近では現実空間と仮想空間が重なり，互いに浸透しあう状況が様々な場面で見出されるが，そのなかで観光のフィールドはどのようなものとして現れているのかを，象徴的な事例を取り上げて考える。

2 観光研究のフィールドの多様性

2-1 複雑な要素の関与

　フィールドワークが現地調査（実地調査）を指すのだとすれば，フィールドはその対象となる「現地」や「現場」ということになる。ここでの問題関心である観光研究のフィールドは，とりあえず，観光者が何かを見て，体験して，食べて，買い物をしている現地とい

うことになろう。たとえば，歴史的町並みや景勝地，有名な神社仏閣や伝統的な祭り，あるいはミュージアムやテーマパークといったものが思い浮かぶ。

ただし，こうした場所や建物の一区画がそのままフィールドの範囲になるということではない。たとえば，神社の祭りをフィールドワークの対象として選んだとしよう。その場合，社殿や境内はもちろんのこと，祭られている神様や祭りのいわれ，宮司や巫女などの神社の関係者，祭りを支える氏子・崇敬者や観光協会，当日の参拝者，露店を出す商売人，交通規制をする警察など，多様な要素が混ざり関係しあう，きわめて複雑な場所がフィールドとなるのである。

2-2 広範囲に及ぶフィールド

さらに，観光の目的地という限られた視点だけではフィールドは捉えられない。観光という社会現象は，きわめて広範囲の領域が重なりあいながら成立している。つまり，観光にまつわる事象全般がフィールドの対象となり，観光者，産業，行政，アトラクションのすべてに及ぶことになる。すなわち，観光に不可欠な交通，宿泊，飲食，みやげおよび旅行業等の産業，観光に関わるメディアや金融システム，さらには国・自治体の政策や地域住民のまちづくりなど，非常に広い範囲の事象が含まれるだろう。観光者の視野には直接に入ってこないが，こうした領域での多様なアクター（主体）の相互行為によって構築される現場もフィールドとなりうる。

また一方で，観光者の行動に注意を向けると，それは観光目的地だけで完結するわけではない。自宅のパソコンで観光情報を検索して手に入れ，目的地を決めてホテルや交通機関の予約を済ませることも観光の一部である。実際の移動の過程でも，モバイルフォンを駆使して店舗や商品，イベントなどの情報を比較選択しつつ，旅程を逐次コントロールしながら観光を遂行する。さらに，旅行から帰り，みやげを知人に渡し，画像データを SNS で配信する作業も含まれよう。こうした一連の場面の連続がフィールドにならないとは

いえないし，途中で遭遇したアクシデントや，他者との偶然のやりとりといった「偶有性」さえも排除できないのである。

3　空間／場所としてのフィールド

3-1　「空間」と「場所」の関係

　さきに，フィールドは端的には「現地」や「現場」のことであるとした。これらの言葉の意味合いには，「空間」や「場所」といった要素が不可欠と考えるのが自然だろう。丸田一によれば，そもそも，人が活動するには必ずどこかの場所を占めている。場所とは，そのように人間に係わられている所，いわば「居所」や「居場所」である。そして，「空間」（space）と「場所」（place）の区別もここに生まれるという。空間は一般的に均質な広がりをもっているが，そこに人間が関与することで空間が意味を帯び，方向性が生まれ，徐々に均質性が崩れていく。このように人間が係わることで特殊な空間が生じるが，これが「場所」である（丸田 2008：56-57）。つまり，人間は空間への働きかけや交渉を通じて意味を与え，空間を場所として認識し，そこで生を営み続けてきたのである。そうだとすれば，観光研究のフィールドとしての空間も，観光という人間の行為や営みによって意味づけられ，固有の場所として認識され，維持されているのだといえよう。

3-2　地域の空間化と「再生」

　人文社会科学において，空間と場所をめぐる論点とされてきたのは，近代以降の合理主義の浸透や近年のグローバリゼーションの進展のもとで生じた，場所の空間への転化であり，空間の場所への再転化である。日本での象徴的な議論は郊外をめぐるもので，「ファスト風土化」（三浦 2004）や「ジャスコ的空間」（東・北田 2007）として語られてきた。若林幹夫によれば，郊外は社会の歴史や伝統，文化や風土から決別した「根無し草」的な場所であり，それゆえに，

その場所を特徴づける記号やイメージを欲望してやまないのだという（若林 2007：29）。均質的，標準的な空間への変換と，それを再び場所として意味づけ，差異化しようとする動きは，郊外に限らず，幅広く地域全体に見出せる共通のものとなっている。

　多くの地域では，少子高齢化，人口減少，産業不振，財政難などを背景にして，いわゆる観光まちづくりの思想と実践が広まっている。そこでは，地域資源の発掘や創造が，外部の人びとの注目と来訪に結びついて観光が促進され，結果として地域の活性化が実現することが期待されてきた。同時にそれは，地域のアイデンティティを再興する試みでもある（堀野 2006：148–149）。この動きが示していることは，地域に場所としての意味を再度つくりだし，付与しなければ，もはや他所との差異を認識できる地域として存立しえないということでもあろう。

4　現実と仮想が重なりあうフィールド

4-1　現実と仮想の重層

　空間や場所のありようをめぐる重要な環境の変化の一つは，いうまでもなく，情報通信手段の画期的な発展である。現在では，インターネットによってある空間／場所について必要とする情報を瞬時に入手できるだけでなく，双方向の情報発信がきわめて簡単にできるようになった。とくにSNSの展開によって，様々な形態で個人間のつながりが実現している。

　しかし，ここで注目したいのは，互いの情報伝達の範囲や速度の飛躍的拡大による利便性の享受といった次元の問題ではない。ネット社会化やSNSの隆盛は，現実空間と仮想空間との複雑な関係を生み出しているのであり，人びとの生のあり方に大きな影響を及ぼしている。

　私たちは，すでに，テレビを通じて伝えられるニュースや情報は「仮想のもの」ではなく「現実」として受け取り，利用している

し，コンピュータや携帯電話を利用してのメールのやり取りや掲示板への書き込みは，現実のコミュニケーションの少なからぬ部分を占めている。若林は，「今日とくに「仮想」という言葉で指示される情報環境やメディア環境も，物としては存在していないとしても，固有の社会的現実性をもって現実に存在している」という（若林 2010：18）。

　つまり，現実空間（場所）と仮想空間（場所）を，二項対立的に別々の文脈にあるものとしてではなく，重なり浸透しあうものとして理解する必要があるということだ。そして今，インターネット上の仮想空間が現実空間と密接に関わりあい，両者が融合する状況のなかで，観光という活動が展開するフィールドは，どのような様相を示すのだろうか。ここでは，近年注目されている現象を取り上げて，その特徴を考えてみたい。

4-2　オンラインツアーというフィールド

　新型コロナウイルス感染症の拡大によって，航空をはじめとする旅客業やホテル・旅館等の宿泊業，ツアーを企画販売する旅行業など，観光に関わる産業が甚大なダメージを被ることになった。こうした状況下で，新たなツアーの形態として注目されるのが，いわゆるオンラインツアーである。観光資源をもつ現地と日常生活圏から動けない観光者を，事業者がインターネットという架空の空間でつなぎあわせて仲介し，画面上でではあるがツアーを催行する。参加者は，現地の見どころを巡回し，特産の料理や酒を堪能し，みやげを購入するなど，様々なアトラクションが組み込まれたツアーを，疑似的に，あるいは現実に体験していく。

4-3　仮想のツアーの優位性

　オンラインツアーには，オフラインのツアーを土台としつつも，それとは異なる独自の性格がある。一つには，ツアーを構成する要素の違いから生じてくる効率や利便性といった側面である。人の物

理的な移動をともなわないことから，交通や宿泊に要する費用が発生しないため，ツアーの価格は，現実のツアーに比較してはるかに低い。このことは，観光者側からすれば，異なる目的地のツアーを試してみて，それらを比較検証することを可能にする。事業者側からすれば，コロナ禍が収束したときのリアルな観光需要に結びつくことが期待されるだろう。

　オンラインツアーは，集客においても現実のツアーより優れた点がある。観光者は，通信環境さえ整っていれば，国内外を問わず，どこからでも参加することが可能だ（時差の問題はあるが）。あるいは，観光者が遠く離れたところにいる親族や知人などといっしょに参加したい場合にも威力を発揮する。また，現地の複数の見どころにスタッフを配置しておけば，移動時間を要さずに，次々とそれらを巡っていける（たとえばヨーロッパ周遊）。さらに，障がいや老齢などの理由で移動が困難な人にとっては，疑似的であれ，観光を体験できる機会を提供することにもなる。

　体験の内容についていえば，普段は見ることのできない商品の製造工程や食材の調理法などをのぞき見し，現地の専門家や職人から説明を受けられることが魅力となっている。

　こうしてみると，オンラインツアーは，現実のツアーの単なるお試しメニューや簡略版ではなく，物流，金融，情報などのシステムの発展がもたらした「時間－空間の圧縮」という社会環境の変化を可能なかぎり活かした，新たな〈観光〉の形態だとみなせるかもしれない。

4-4　オンラインツアーのリアリティ

　鈴木謙介は，オンライン・バスツアーの体験について興味深い指摘をしている。それは，「バスツアーでめぐる観光地をオンラインで体験する」のではなく，「バスツアーという体験そのものをオンラインで再現する」ツーリズムなのだという。たとえば，事前に送られてくる弁当などの食事は時間が決められているし，「トイレ

休憩」を同時にとり,「参加者で同じ曲を歌う」ことでスケジュールを共有する。あるいは,必要のないはずのバス運転手役が随行し,参加者には粗末な紙製のシートベルトが配布される。こうした仕掛けによって,オンラインの参加であっても,観光者の体験が「同期性」を帯びることになり,観光者の間に一体感が芽生えるのだという(鈴木 2021：35)。

　同期して「演技」をするというこの行為は,なかば強要されてもいる。しかし,オフラインのツアーにおいて,無意識に遂行していた「演技」が,観光のリアリティを生み出す要因であったことが浮かび上がってくる。仮想であっても現実的であろうとする,事業者や観光者の間にある暗黙の合意が,観光のフィールドを構成しているのである。

　ところで,参加者が自らの視覚,聴覚で直接に認識している現地や他の人びとは,あくまでインターネット上の仮想空間にある。その意味では,オンラインツアーは現実と仮想のハイブリッド(異種混交)な観光の形態である。しかしながら,画面の向こうには生身の人間がいるという前提は説明抜きに了解されているのであり,全体としては,より現実空間に足場を置いたフィールドなのだといえよう。

5　上書きされるフィールド

5-1　アニメ聖地巡礼における上書き

　現実と仮想のハイブリットは,他の観光現象でも顕著になっている。アニメの聖地巡礼はその典型である。ファン(観光者)は,コンテンツを通じて表現された虚構の物語世界の舞台や背景となった現実の場所を訪れる。彼らは,作品のストーリーやキャラクター,重要なシーンを確認し,その世界観に浸る。そこでは,作品の物語世界が現実の空間／場所よりも優位に立っており,舞台を訪れたファンは,仮想の物語に即した意味をその空間に付与する,いわゆ

る「上書き」を行っている。つまり，現地の人びとがもっている歴史，文化，生活などの文脈とは乖離した世界として読み解いている，とひとまずはいえよう。

　しかしながら，そうした行為は，単に場所の意味を上書きするだけではなく，コンテンツの仮想世界を介して，ファンと現実の地域や人びとが結びつく場合がある。たとえば，「らき☆すた」の鷲宮町や，「ガールズ＆パンツァー」の大洗町などに示されるように，アニメ聖地巡礼で現地を訪れたファンの行動は，地元の人びとの反応を引き起こし，ときとして交流や協力関係を生み出すことが，すでに確認されている。そこでは，地域側のコンテンツやファンに対する理解と，ファンによる地域への配慮や協力によって両者が折りあい，関係性が築かれている（岡本 2018：218-224）。いまや，地域のアニメ制作企業や自治体が進んで聖地となるように戦略的に施策を講じることさえ珍しくない（和田 2015：111）。むろん，すべてのアニメ聖地巡礼が地域や他者との交流を生み出すわけではないが，仮想世界からの視線に対して現実世界の反射的な作用が引き起こされ，新たな場所＝フィールドの生成をもたらす可能性は注視するべきであろう。

5-2　ポケモン GO における上書き

　さて，場所の「上書き」ということでは，さらにインパクトのある現象を引き起こしたのが「ポケモン GO」というゲームである。ポケモン GO は，AR（拡張現実）を用いた非日常的な楽しい体験のために移動をするということでは観光的な要素を含んでいる。しかし，このゲームのプレイヤーがひたすらスマートフォンをのぞき込み，画面に指で触れて操作する姿が，様々な場所でその関係者との軋轢や摩擦を，そして周辺住民の不安を掻き立てたのだった。

　ゲームのプレイヤーは架空の生物であるポケモンが生息する虚構の世界を移動するが，同時にそれは，スマートフォンに搭載された GPS（位置情報システム）機能によって現実世界におけるプレ

イヤー自身の移動によって実現される。ポケモン GO を特徴づけているのは，虚構と現実におけるモビリティの，まさにハイブリッドである。重要なことは，そこで移動を主導しているのは，ポケモンGO というソフトが描く虚構の世界なのであり，それによって現実の私たちの身体がコントロールされていることだ（神田 2018：104-108）。そして，虚構の世界がいとも簡単に現実の世界と重なるだけでなく，それぞれの場所性を支える歴史やそこに関与してきた人びとの意志を超えて，あっさりと現実を塗り替えてしまうのである（谷村 2018：211）。ポケモン GO においても，現実の場所との交渉は完全に否定されるわけではないが，そこでの行動はポケモンの捕獲やバトルでの勝利といった目的に強く制約されているといえよう。

6　おわりに

　フィールドを捉えるうえで，大切な視点は「関係性」である。単純化していえば，観光者のいない観光地は成り立たないのであり，アクター（主体）の存在や働きかけと表裏一体の関係としてフィールドを理解する必要があろう。門田岳久は，観光を多様なアクターの相互作用のなかで構築される関係性の現れとして捉えている（門田 2019：177-178）。アクターには，観光者や事業者，そして住民も含まれる。さらに，そこにあるモノや施設などもアクターとみることによって観光の展開する場所の複雑性を損なわない形でフィールドに接近することができよう。

　また，土井清美は，調査の観点や範囲は，フィールドワーカーの意志が決めるのではなく，フィールドが突き付けてくる物理的，社会的制約と実際に立ちまわる自分の身体（感覚・能力）とのせめぎあいのなかでいつの間にか決まってくるのだという（土井 2021：52）。つまり，観光研究のフィールドは，フィールドワーカーというアクター（主体）との関係性でもあるのだ。

【引用・参考文献】

東　浩紀・北田暁大（2007）．『東京から考える——格差・郊外・ナショナリズム』日本放送出版協会

土井清美（2021）．「フィールドにて　上級編——身体を使って理解する」市野澤潤平・碇　陽子・東賢太朗［編著］『観光人類学のフィールドワーク——ツーリズム現場の質的調査入門』ミネルヴァ書房，pp.49–62.

岡本　健（2018）．『アニメ聖地巡礼の観光社会学——コンテンツツーリズムのメディア・コミュニケーション分析』法律文化社

神田孝治（2018）「新たなるモバイル・ハイブリッド——ポケモンGO が生みだした虚構と現実の集合体」神田孝治・遠藤英樹・松本健太郎［編］『ポケモンGO からの問い——拡張される世界のリアリティ』新曜社，pp.104–115.

鈴木謙介（2021）．「オンライン・ツーリズムと観光体験」山田義裕・岡本亮輔［編］『いま私たちをつなぐもの——拡張現実時代の観光とメディア』弘文堂，pp.22–40.

谷村　要（2018）．「コンテンツに〈容易に〉上書きされるセカイとどう付き合うか——「聖地巡礼」現象との比較から考えられること」神田孝治・遠藤英樹・松本健太郎［編］『ポケモンGO からの問い——拡張される世界のリアリティ』新曜社，pp.208–218.

門田岳久（2019）．「関係性としての地域開発——佐渡の集落に見る伝統・街並み・再帰性」西川克之・岡本亮輔・奈良雅史［編著］『フィールドから読み解く観光文化学——「体験」を「研究」にする 16 章』ミネルヴァ書房，pp.161–181.

堀野正人（2006）．「まちづくりと観光」安村克己・遠藤英樹・寺岡伸悟『観光社会文化論講義』くんぷる，pp.143–152.

丸田　一（2008）．『「場所」論——ウェブのリアリズム，地域のロマンチシズム』NTT 出版

三浦　展（2004）．『ファスト風土化する日本——郊外化とその病理』洋泉社

若林幹夫（2007）．『郊外の社会学——現代を生きる形』筑摩書房

若林幹夫（2010）．『〈時と場〉の変容——「サイバー都市」は存在するか？』NTT 出版

和田　崇（2015）．「コンテンツを活用した地域振興の動向」原　真志・山本健太・和田　崇［編］『コンテンツと地域——映画・テレビ・アニメ』ナカニシヤ出版，pp.102–118.

Chapter 13

オンライン調査によるフィールドワークの可能性
オンラインツアー，オンライン交流会，
Zoom を活用したライフヒストリーの事例から

渡部 瑞希

1　はじめに

　2020 年以降，世界中でパンデミックを引き起こした新型コロナ
ウイルスは，現場でのフィールドワーク（以下，FW）を生業とす
る文化人類学に大きな衝撃を与えた。それは「現場に行くことが制
限される」という由々しき事態である。そのためコロナ禍では，多
くの文化人類学者がオンライン調査を FW に組み込む方法を模索
している。

　コロナ禍以前より，オンライン調査の可能性を示唆した著書が
複数提示されてきた。たとえば，ヴァーチャル空間，サイバース
ペースを対象とする「ヴァーチャル・エスノグラフィー」（以下，
VE）は，インターネットを介した情報，知識の生成，つながり，
流通，組織化および，そうした活動を生み出す人びとのあり方を，
オンライン上のデータから調査するものである。一方木村忠正は，
エスノグラフィーが質的調査だけでなくデジタルデータ等の定性，
定量を組み合わせるハイブリッドな方法で記述されることが重要
だと主張する（木村忠正 2018：3）。Horst と Miller が 2012 年に
発表した『デジタル人類学』も同様に，オンラインだけを調査対
象とする VE を批判的に捉えている（Horst & Miller 2012）。つま
りデジタル人類学は，オンラインとオフラインにおける多元的・
複合的な個人の生活世界と，そのミクロの生活世界が埋め込まれ
ているマクロなグローバル政治経済を常に視野に入れるものとし
て，オンライン空間の研究に特化した VE の方法論を退けている

（木村忠正 2018：57）。

　では，デジタル人類学の論者をはじめ，文化人類学者は現場（オフライン）に何を求めているのだろうか。現場にあってオンラインにないものは何であろうか。本章は，オンライン調査の是非を問う前に，なぜ，オンラインだけの調査が文化人類学の FW で問題となるのか，現場に赴く FW とどのような点で異なるのかを明確にすることで，コロナ禍におけるオンライン調査の可能性を提案したい。

　なお，本章で提示するデータは，2020 年 12 月から本章を執筆している 2021 年 8 月までに，筆者が参加したオンラインツアーと，筆者が受け持つ 3 年ゼミにおけるオンライン交流会および Zoom を使用したインタビューの結果にもとづく。

2　オンライン調査だけで FW が完結しない要因

2-1　オフラインで観察できるモノ

　本題に入る前に，文化人類学にとっての FW がどのようなものであるかについて整理しておきたい。まず，文化人類学の FW に影響を与えた著書として，ジェイムス・クリフォード等が 1980 年代に発表した『文化を書く』が挙げられる（クリフォード & マーカス 1996）。これは，研究が行われる文脈やエスノグラフィーを書くこと自体が孕む「表象の政治性」や権威性を明るみに出したことで，文化人類学全体に反省を促した著書である。この表象の危機に応えるべく，文化人類学では FW を通じて現地の人びとの文化や社会を描き出す方法論を複数提示した[1]。そのなかの一つに，記述

1）たとえば，「多声性」や「協働」を強調する方向性が挙げられる。現地の人びとをインフォーマント（情報源）と位置づけ，その「声」を奪って「表象／代理」するのではなく，対話者として彼らの主体性を保持し，相互の協働によって知を生産するものである（木村周平 2018：193）。これを実践するために，文化人類学では調査者と対象との関係をつねに反省的・再帰的に捉える方法がとられる。

の権威性の根本にある西洋の伝統的二元論（自然と文化，善と悪，内と外など）を揺るがすアクターネットワーク理論（ANT）の実践が挙げられる。これは，非人間に人間と同じエージェンシーを認めることで，西洋における人間中心主義そのものを乗り超えるものである。その具体的な方法は「モノを通して考える」ことである。これは，FW で出会ったモノ（人びとの営み，身体やパフォーマンス，出来事，非人間を含む）を通して，われわれが自明視している二元的対立を相対化する試みである（浜田 2018：111）。

　たとえば，ANT の一人者であるラトゥールについて詳説した著書，『ブルーノ・ラトゥールの取説』のなかで，久保は信号機の例を出している（久保 2021）。「信号機が赤でも渡る」ことは悪いことであるが，それは様々なモノの関係性（信号機，横断歩道，歩行者，自動車，時間帯など）によって変わる（久保 2021：15）。残業で疲れ切って帰宅する深夜，辺りにまったく自動車が見えない交差点で，信号が赤であっても横断歩道を渡ることなどはその例である。つまり，信号が赤の状態で横断歩道を渡ることの善悪は，信号機や歩行者，自動車，会社，残業，深夜といった世界の内側にあるモノの相互作用，関係性においてその都度形成され変動する。

　「モノを通して考える」ことは，当事者から見える微細な世界を捉えようとする現代の文化人類学において，主題化しないまでも意識しておくべき方法論の一つである。そうした様々なモノの動き，相互作用，そこから引き起こされる多義性を観察できる場こそが，文化人類学者が没入するほどに深く関わってきた FW の現場である。Horst や Miller のように，オンラインだけでなく被調査者のオフラインの日常生活の観察にこだわるのは，実際の現場で視覚に入る人やモノのつながり，そこから偶然／必然に生じる事件を総合的に分析することで，西洋の伝統的二元論に還元されない複雑化するグローバル社会の実態を捉えることが可能だからであろう。

　では，オンラインの画面上で映し出される映像から，現場のモノや人の動き，相互関係を分析することは不可能であろうか。たと

えば，筆者が 2020 年 12 月から調査を継続させているオンラインツアーでは，現地の様子をリアルタイムで視聴することも可能であるが，現場で実際に見ることとオンラインで現場の様子を視聴することにどのような違いがあるだろうか。以下，筆者がこれまで参加してきたオンラインツアーの様子からその違いを考察したい。

2-2 表領域としてのオンラインツアー

オンラインツアーとは，コロナ禍で実際の観光地に行けないかわりに，観光地の様子を映像で流したりライブ中継して，視聴者に「行った気にさせる」新しいサービスである。まず，オンラインツアーで真っ先に視野に入るモノはパソコンやスマートフォンなどの電子機器である。文化人類学者が現場の FW で見てきたモノは画面の向こう側にある。

オンラインツアーで現地の様子を伝える見せ方は三通りある。一つは，パワーポイント資料で説明しながら映像を見せる方法である。二つ目は，主催者側があらかじめ録画しておいた現地の映像を流しながら解説するものである。三つ目は，ライブ中継しながら現地のリアルな様子を伝える方法である。オンラインツアーができはじめた 2020 年度は，一つ目や二つ目の見せ方が多数であったが，2021年以降は三つ目のライブ中継が大半を占めるようになった。つまり，オンラインツアーに参加すれば，その時その場のモノを観察することは可能である。たとえば，筆者が 2021 年 5 月 21 日に参加したベルトラ・オンラインアカデミー（以下，ベルトラ）の主催する「ドバイ・スパイスツアー」（1 時間半で $30）を取り上げよう。

ツアーは日本時間の 21 時にスタートした（ドバイ時間の 16 時頃）。参加者は筆者を含め 6 名であり，皆 Zoom の画面をオフにしていた。まず，ガイドのカリアさんが簡単な自己紹介をした後，ツアー参加の注意事項（画面はオン／オフ自由，音声は質問の時のみオンにするなど）とツアーの行程，現地の天気について話をする。ツアーでは，ラクダやドバイの博物館，モスク，香辛料や金製品が

立ち並ぶ旧市街やスーク（マーケット）の様子が映し出され，カリアさんが堪能な日本語でコミカルに説明していく。質問がある場合は，ズームの音声をオンにしてカリアさんと直接対話することもできる。どの参加者も積極的にカリアさんとコミュニケーションをとり，ドバイに関することだけでなくカリアさん自身に関する質問も投げかけていた。現地ガイドと参加者の対話に関しては，リアルな観光の場で展開されるものと同様の仕組みが技術的に可能となっている。

　また，ベルトラのオンラインツアー企画担当者によれば[2]，ライブ中継の場合，音声や画面のブレ，急な天候の変化，思わぬ騒音や現地住民とのトラブル等，不測の事態に見舞われることもあるが，それらがオンラインツアーをリアルに近づけると同時にツアーそのものの価値をあげることになるという。つまり，現地ガイドとリアルタイムの交流，場の共有，ハプニングが，オンラインツアーをリアルな旅経験に近づけるのである。

　こうしたオンラインツアーの実情を踏まえると，文化人類学者がZoomを活用して現地のインフォーマントに直接質問したり，現地で実際に観察可能なモノや人の相互関係をオンライン上で観察することはある程度可能かもしれない。しかし，被調査者のオフラインの日常生活を観察する必要性を説くHorstやMillerは，オフラインをオンラインで観察するオンラインツアーのような手法に満足しないであろう。それは，オンラインで観察可能なモノが現地の「表領域」で展開されているためだと考えられる。

　表領域とは，外部の目に普段からさらされているために他者からのまなざしに従って自己表象を変える領域である（ゴフマン 1974）。

---

2) ベルトラ・オンラインアカデミーは旅先の現地体験ツアーを企画する旅行社で，オンラインツアーをはじめたのは2020年7月である。筆者は2021年5月19日に，ベルトラの営業部長である黒木泉氏から約2時間にわたる聞き取り調査をZoomにて実施した。

ゴフマンは表裏の領域概念を対面的な相互行為の場における役割分析に用いているが、オンラインの場は、匿名的行為、自己演出等、対面よりもはるかに広範囲に役割演技が可能な領域である。そのため、オンラインツアーの空間も表領域の一つである。

　たとえば、オンラインツアーの参加者はツアー終了後にアンケートに答える。アンケートの内容のほとんどが、ツアーの満足度、改善点、リアルな旅への可能性を問うものである。主催者側はこうしたアンケート結果を踏まえて、新たなオンラインツアーを企画する。また、オンラインツアーは、リアルな旅が可能となった時の「先行投資」として催行される一面がある。筆者が2021年7月に参加した、H社主催のハワイ、バリ島のオンラインツアーでは、参加者特典として格安のホテル宿泊券やパッケージツアーの割引券等を発行していた。このようにオンラインツアーの表領域とは、アンケートによって参加者のまなざしを考慮しつつ、さらに主催者側が見せたいもの（割引券など）を自在に見せる場を作りこむことを意味する。オンラインツアーにおける表領域で、見る側は受動に徹することになる。

　一方、文化人類学は、部外者が普段垣間見ることのできない裏領域を明るみにすることで表領域を批判するといった学問的思考をもちあわせている。だからこそ長期にわたる緻密なFWによって現地の裏領域に能動的に切りこむことを生業としてきた。HorstやMillerのように、オンライン調査だけでは不十分だと感じるのは、オンライン空間で見せられるものが、どこまでいっても表領域であることも一因ではないだろうか。

3　オンライン調査の可能性としてのライフヒストリー

3-1　プライベートな裏領域をつくるZoomの調査

　オンラインツアーやオンラインセミナーは、主催者側が見せられるものだけを選別して見せるという表領域を構成する。しかし、オ

ンラインがすべて表領域であるわけではない。たとえば，Zoom で個別にやり取りする会議やインタビュー，交流会は，対面以上にプライベートな裏領域を含むことがある。Zoom でセミナーや会議に出席する際は，自室やラフな格好など，自身がかなりリラックスできるプライベートな裏領域で参加することも可能である。同じ Zoom を媒体としていても，見る側，見せる側が明確に分断しているオンラインツアーとは異なり，画面や音声をオンにしながら対話する交流会や会議の場合は，見る／見られる，能動／受動，表領域／裏領域の境界があいまいになる。そのことを如実に示す事例として，以下，筆者のゼミ生（2021 年度 3 年ゼミの 17 名）によるオンライン交流会の出来事を取り上げたい。

　2021 年 4 月，ゼミ生のほとんどは初対面であった。例年であれば「ゼミ交流会」と称して飲み会を企画するところだが，東京都で緊急事態宣言が発令されたこともあり，対面での交流会はすべて自粛となった。そこで，対面の飲み会やイベント以外で交流会をゼミ生に考えてもらった。その一つが Zoom を使ったオンライン交流会である。

　第 1 回の交流会は，4 月 20 日の 21 時からスタートした。参加者は筆者を含め 7 名であった（男子 3 名，女子 3 名，筆者）。筆者は10 分程度遅れて参加したが，筆者以外の学生は皆，Zoom の画面をオフにした状態で談笑していた。それを異様に感じた筆者は「せっかくだからみんな顔を出そうよ」と誘ってみたが，それに応じた学生は男子学生 1 名であった。他の学生たちに顔を出したくない理由を聞くと，「ほとんど初対面の相手にプライベートな姿を見せるのは抵抗がある」というものであった。

　たしかに，21 時を過ぎれば女子学生はメイクを落としているかもしれないし，外では着ないような部屋着でくつろいでいるかもしれない。また，コロナ禍では外出時にマスク着用が義務付けられているが，Zoom の場合は互いに顔を見せることになる。初回のゼミで互いの顔をマスク越しにしか知らない学生たちにとって，オンラ

イン上で互いに自身の顔を見せることにも抵抗があったようだ。つまり，そうした裏領域に介入できるのは気心知れた仲の良い相手だったのである。このように，Zoom の画面は表領域を形作る一方で，気心知れた仲の良い相手でなければ見せられないような「プライベートな裏領域」を含んでいる。

3-2　Zoom を利用したライフヒストリー研究の可能性

　では，Zoom での交流会が「プライベートな裏領域」を含む点を利用してどのような調査が可能であろうか。本章で提案するのがライフヒストリーの可能性である。

　2021 年 7 月，筆者はゼミ生同士でインタビューすることを課題に出した。インタビューの相手は自由に選ぶことができたが，ゼミ生は，仲の良い相手よりもゼミ内であまり話したことはないが気になっている相手を選ぶ傾向にあった。また，17 名中，対面でインタビューを実施したのは 6 名で，他の学生は Zoom や LINE などの媒体を利用した。インタビューの内容は，①就職活動，②ゼミ内の研究について，③ライフヒストリー，④その他から自由に選択できることとした。17 名中，②を選んだ学生は 1 名で，その他の学生は全員，③のライフヒストリーを選択した。なお，インタビュー内容は各自録画して提出することとしたが，平均時間は 1 時間程度で，録画を切った後により濃密な聞き取りを行った学生が大半であった。

　対面か Zoom かにかかわらず，学生たちが収録したライフヒストリーはかなり中身の濃いものであった。内容のほとんどが，幼少期から現在にいたるまでの人生を語ってもらうものであったが，聞き手である学生は巧みに被調査者の性格や考え方，人生観や「心のひだ」を引き出していた。この課題はインタビューの練習のために出したものであったが，思わぬところでゼミ生同士がそれぞれのインタビュー内容を共有し，互いの理解を深める結果となった。対面での交流会がままならないなか，ゼミ生同士の理解を深めたのは，Zoom によるライフヒストリーの聞き取り調査だったのである。

　Zoom によるセミナーやオンラインツアーでは，見せる側がつくりだす表領域を意識せざるをえない。しかし，個人を調査する場合は，互いにプライベートな裏領域で相互行為することも可能である[3]。そうであるなら，オンライン調査でライフヒストリーを収集するような FW も有効ではないだろうか。

　ただし，そうしたライフヒストリーの収集において，モノや人の相互作用を観察するような研究手法はとれないかもしれない。Zoom の画面上に見えるモノとして期待できるのは，マスクをつけていない被調査者と調査者自身の顔とその背景程度だからである。

4　おわりに

　本章では，コロナ禍でオンライン調査の必要性にかられる文化人類学に対し，実際に現場で観察する FW とオンライン調査を比較したうえで，どのような FW が可能であるかを文化人類学の立場から明らかにしてきた。コロナ禍以前より，デジタル人類学ではオフラインとオンラインの両方を観察対象としてきたが，コロナ禍ではそうした調査自体も困難であろう。オンラインのみで可能な FW はどのようなものか。その可能性を探るべく，本章では，筆者が実施したオンラインツアーの調査とゼミ生のオンライン交流会やZoom によるインタビュー結果を比較しながら，それらの有効性と限界を論じた。

　まず，オンラインツアーで見せられるモノや人の動きは，主催者側がアンケート結果や今後のリアルな旅に備えて熟慮した表領域で展開される。そのため，多くの人類学者はオンラインツアーで見え

---

3) むろん，プライベートな内容をどこまで公開してよいのかという調査倫理の問題はある。また，個人のプライベートな裏領域に踏み込むには，あらかじめオフラインでの人格的関係が築かれている，もしくは後から築かれていく必要があるだろう。

るモノをまともに分析しようとは思わないであろう。第2節で述べたように，文化人類学は完全なる裏領域に介入できない場合でも裏領域でのFWを理想としているためである。厳密にいえば，文化人類学のFWでは，裏／表，オフライン／オンライン，見る側／見せる側等の二元的な要素を最低限含みこんでいる必要がある。

　そうであるならば，一見，表領域で成り立つオンライン調査でも，裏領域に入る余地はないのであろうか。その可能性として筆者は，オンラインツアーのように見る側が受動的になるケースではなく，Zoomで個別にやりとりする交流会やライフヒストリーのインタビューを取り上げた。Zoomの空間は「逃げ場のない空間」でもある。Zoomの場では否応なく対話することが求められる。ゼミ生の初回の交流会では17名中，わずか6名しか参加しなかったが，残りの11名は，単に予定が合わない場合を除き，まだよく知らないゼミ生とオンラインで対話することに不安があったと思われる。

　ゼミ生同士が理解を深めたのは，ゼミ課題に出したインタビュー調査（ライフヒストリー）においてであった。Zoomという逃げ場のない，対話を迫られる空間において，自身について多くを語る学生が大半であった。「そこまで話すつもりはなかったが，不思議と自分のことをすべて話してしまった」と話す女子学生もいた。

　コロナ禍では何らかの方法でオンライン調査をFWに組み込む必要も出てくる。その方法のほとんどが，質的調査ではなく定量・定性調査，補足情報の収集であり，オンラインでのFWだけでエスノグラフィーを書くことは，調査者自身があらかじめ現地の状況を熟知しているようなケースを除いて不可能かもしれない。しかし，ゼミ生がZoomで行ったライフヒストリーのインタビューのように，ほとんど初対面のような相手の裏領域に介入する術はあるかもしれない。

【引用・参考文献】

木村周平（2018）.「公共性」前川啓治・箭内　匡・深川宏樹・浜田明範・
　　里見龍樹・木村周平・根本　達・三浦　敦『21 世紀の文化人類学——
　　世界の新しい捉え方』新曜社, pp.189–221.

木村忠正（2018）.『ハイブリッド・エスノグラフィー——NC 研究の質的
　　方法と実践』新曜社

久保明教（2021）.『ブルーノ・ラトゥールの取説——アクターネットワー
　　ク論から存在様態探求へ』月曜社

クリフォード, J. & マーカス, G.［編］／春日直樹・足羽與志子・橋本和也・
　　多和田裕司・西川麦子・和迩悦子［訳］（1996）.『文化を書く』紀伊
　　國屋書店

ゴッフマン, E.／石黒　毅［訳］（1974）.『行為と演技——日常生活におけ
　　る自己呈示』誠信書房

浜田明範（2018）.「アクターネットワーク理論以降の人類学」前川啓治・
　　箭内　匡・深川宏樹・浜田明範・里見龍樹・木村周平・根本　達・三
　　浦　敦『21 世紀の文化人類学——世界の新しい捉え方』新曜社, pp.99
　　–132.

Horst, H. A., & Miller, D.（eds.）(2012). *Digital anthropology*. London:
　　Berg.

モノを参照するモノのイメージ
メディアが紡ぐ観光空間のインターテクスチュアリティ

松本 健太郎

1 はじめに：「観光」と「メディア」の交錯によって 浮上する新たなフィールド

　現代における「観光」と「メディア」との関係性は，従来と比してよりいっそう緊密なものとなりつつある。多メディア社会を生きる私たちは，旅に先立って，あるいはその途上において，それこそ多種多様なメディアを駆使しながら，目的地やそこへ至るルートについて情報収集する。そしてインターネット検索を含むその情報探索行為によって，人びとは旅をめぐる一定のイメージを獲得することになるのだ。山口誠が洞察するように，「もはや「メディア抜きの観光」は，それ自体を考えることさえ難しい時代に入って久しい」（山口 2019：95）。

　じっさいのところ 1990 年代以降のインターネットの普及，そして 2000 年代以降のモバイルメディアやソーシャルメディアの普及を経て，すでに私たちが生きるメディア環境は大きく様変わりした。旅先での「映える」写真を Instagram でシェアする，観光地やホテルの評価をトリップアドバイザーで事前にチェックする，「ポケモン GO」（2016）や「ドラゴンクエストウォーク」（2019）などの位置情報ゲームに導かれて特定の場所に赴く等々，旅／観光の途上における私たちの行為に何らかのメディアが関与する契機は，従来と比して格段に増加している。そしてその背景にはインターネットと紐づけられたスマートフォンなど，各種のデジタルテクノロジーが重要な役割を担っていることは言を俟たない。

　オンラインとオフラインが重畳された日常のなかで，私たちの

（旅を含む）社会的経験は，携帯電話，email，インターネット，アクセス・ポイントなどの要素，およびそれらの集合が織りなす動的なネットワークを通じて実現されていく。そしてそのネットワークの帰結として，人びとが自己／他者の経験を意味づけるための「コンテクスト」がそのつど形成されていく。見方によっては，「観光」と「メディア」とが交錯するところから，現代人の眼前に新たなフィールドが浮上しつつあるといっても過言ではないだろう。

　本章ではそのような認識を前提としつつ，いくつかの事例を取り上げながら，人びとによる体験のコンテクストを生成する「モノ＝イメージ」のネットワークに着眼し，現代的なメディア・テクノロジーがいかにそれを紡いでいるのかを考察していく。前述のとおり，メディアとは旅をめぐるイメージの供給源であり，もはやそれ抜きに旅を想像することすら難しくなっている。本章ではそのような「メディア」の現代的な振る舞いを把捉するために，いくつかの題材——位置情報ゲームのポケモン GO，竹富島の水牛車，YouTube の旅行系コンテンツなど——を取り上げながら，観光空間のインターテクスチュアリティを照射していきたい。

2　多層化するコンテクスト：久慈市での体験から

　現代では同じ物理的な場所を共有しながらも，そこに集う人びとが互いに異なる意味空間を読み込む，という構図が散見される。本論を切り出すにあたって，まず一つ，筆者の体験にもとづく事例を挙げておこう。

　筆者は 2016 年 11 月 12 日，岩手大学の学生ボランティアが中心となって企画されたイベント「さんてつサポーターズ限定震災学習列車」に参加した。「さんてつ」，すなわち岩手県の三陸海岸を縦貫する三陸鉄道は，2011 年 3 月 11 日に発生した東日本大震災および，それにともなう津波によって甚大な被害をこうむっている。上記のイベントはその津波による被害，および復興をめぐる地域の状況を

図 14-1　シャッターに描かれたイラスト（筆者撮影）

理解するとともに，復旧の途上にあったこのローカル線の応援を目
的とするものであった。筆者自身もじっさいに列車に乗り込んで現
地を視察し，その後の意見交換会にも加わった。

　筆者は「震災学習」を主目的として現地を訪れたのだが，じつは
他方で，もう一つ別の目的があった。本イベントは岩手県久慈市を
拠点に開催されたのだが，よく知られているように，当地は NHK
連続テレビ小説「あまちゃん」の舞台になった場所でもある。筆者
は上記のイベントの合間に，関連するロケ地や石碑を見て回ったり，
市内の商店のシャッターに描かれたイラストを撮影したりした（図
14-1）。ちなみに現地に到着してから気づいたのだが，当時ちょう
どそれとは別に，とある興味深いイベントが開催されていた。ここ
で「開催されていた」といっても，それはあくまでもスマホゲーム
内の"イベント"ではあるのだが。

　数年前の出来事とはいえ，当時の狂騒を記憶している人も少な
くないのではないか。2016 年といえば，その夏にポケモン GO が
リリースされ，世間の耳目を集めた年である。それは人気ぶりか

らマスメディア等で大々的に取り上げられて一躍脚光を浴びつつ
も，「歩きスマホ」や「ながら運転」などをはじめとして，無数の
社会問題を惹起するにいたった。しかしその一方で，それは震災復
興や地域振興の文脈でも活用が試みられるなど，功罪相半ばする
ゲームアプリだったとも評価できよう。筆者の東北訪問とたまた
ま時期が重なったわけだが，ポケモン GO では同年 11 月 11 日から
21 日にかけて，津波で被災した東北 3 県（岩手県，宮城県，福島
県）の沿岸部を舞台に，レアポケモン「ラプラス」の出現率をアッ
プさせるゲーム内イベントが企画されていた。ちなみに産経新聞イ
ンターネット版における同年 12 月 19 日付の記事[1] によると，観
光客の誘致を目的としたこのイベントによって，宮城県の石巻市に
「10 万人の観光客が［…］訪れ，約 20 億円の経済効果があった」
との報告が紹介されている。じっさい筆者が久慈市を訪れた時期に
も，この「ラプラス」を目当てとして，単独あるいはグループで現
地入りした若者が少なからずいたようである。彼らは市内の各所で，
スマートフォンを片手にその画面を凝視しながらしばしば立ち止ま
り，レアポケモンの捕獲に注力していた。そのとき，同じ場所を物
理的に共有しつつも，まったく異なる意味空間を探索する彼らをみ
て，不思議な気持ちにとらわれたことは確かである。

　では，この事例からみえてくるものとは何か。それは，ある場所
で何かを体験するための，複数の文脈＝コンテクストがそこに介在
しているという事実である。つまり，ある場所を共有していたとし
ても，それを読み込むためのコンテクストに差異があるならば，結
果として，個々人に対して立ち現れる「意味空間」が異なってく
る。上記の例でいえば，たとえば久慈市のある場所は，東日本大震
災に関わる「震災学習」のコンテクスト，ドラマあまちゃんに関わ
る「コンテンツツーリズム」のコンテクスト，ポケモン GO に関わ

---

1) https://www.sankei.com/article/20161219-3NUGHU6I6ZJ5XKADB
　　XYEU32RPA/（最終閲覧日：2021 年 9 月 28 日）

る「ゲーム」のコンテクストによって，それぞれ別様に解釈されう
る。要するに複数のコンテクストが特定の場所へと関与することに
よって，人びとに現前する意味空間が多層化・重層化しているのだ。

　付言しておくと個々のコンテクストには，それぞれを構成する多
種多様な要素（＝モノ）の役割が重要となる。たとえば「震災学習」
に関しては，まず，三陸鉄道の車両や線路がモノとして存在し，さ
らに，イベントのチラシやグッズ，さらにはボランティアスタッフ
たちの身体やそのパフォーマンスなどがそれらに関与する。そして
それらが相互に絡み合い，ネットワークをなすことによって「震災
学習」のコンテクストが組織されるわけである。同様に，あまちゃ
んの「コンテンツツーリズム」に関しては，テレビや DVD などの
コンテンツを運ぶ媒体，シャッターおよびそこに描かれたイラスト，
さらにはロケ地マップや記念碑など，それらのモノが集積し，相互
にネットワーク化されることによりそのコンテクストが組織されて
いる。さらに「ゲーム」のコンテクストに関しては，スマートフォン，
「ポケモン GO」のゲームアプリ，アプリが表示するポケモンたち
など，いくつかの要素が関連づけられることにより，プレイヤーの
いる場所が「ラプラスの出現する空間」へと変換されるのである。

　このうち三つ目の「ポケモン GO」によるコンテクスト形成は，
震災学習やあまちゃんのそれと比べると，次の二点に関してやや特
殊だといえる。一点目だが，当該のコンテクストは AR や GPS を
前提とする位置情報ゲームにもとづくものであり，それは画面内に
表示されるデジタル地図やそこに出現するポケモンたちが，物理的
な場所へと技術的に紐づけられることで成立している。つまり，そ
のコンテクストは一台のスマホというモノ，およびそこで駆動する
ゲームアプリによって容易に召還されうるのである（見方によって
は，その位置情報ゲームは全国どこにいても，プレイヤーたちが生
きる意味空間を書き換える強力な作用をもつといえる）。二点目と
して，当該コンテクストの形成に際しては，物理的なモノだけでな
く，バーチャルなモノが介在している。スマートフォンの画面に表

示されるゲームアプリのアイコン，およびそれを立ちあげることで出現するラプラスは，物理的な空間に実在する対象ではない。そうではなく，それらはデジタルデバイスの上に表示された「バーチャルな対象」なのである[2]。

ともあれ本節では久慈市での例を取り上げながら，同一の空間に介在する複数のコンテクストについて考察してきた。「震災学習」のコンテクスト，「コンテンツツーリズム」のコンテクスト，「ゲーム」のコンテクスト——それらのうちどれに依拠するかによって，ある空間の解釈が異なってくる（むろんそれ以外の文脈が介在することもあるだろう）。このような構図は従来から存在したものであろうが，上記のポケモン GO の事例が示唆するように，現実／虚構，リアル／バーチャル，オンライン／オフラインなど，各種のデジタルテクノロジーが既存の境界を越境して「体験の文脈」を構築するようになった今，私たちはその多層性や重層性をあらためて視野に入れて，旅や観光に際しての経験の質を再検討する必要があるのではないだろうか。

3 時間的＝空間的にリニアな体験を提供するコンテクスト： 竹富島での水牛車体験から

沖縄県の八重山諸島に位置する竹富島といえば，真っ先に水牛車のイメージを思い浮かべる，という人も少なくないだろう。かくいう筆者は過去に 2 度それに乗車したことがあるが，その体験を通じて考えたことを以下で取り上げてみたい。

---

2) アンソニー・エリオットとジョン・アーリは『モバイル・ライブズ——「移動」が社会を変える』のなかで，これについて次のように語っている。「今日，次世代のデジタル化されたコミュニケーションの世界は，モバイル・ライフにとってますます重要になる新しい種類の「ヴァーチャルな対象」を創り始めている。これらの小型化された諸システムはしばしば直接身につけて持ち運ばれるし，自己の組成にとってますます重要なものとなっている」（エリオット ＆ アーリ 2016：40）。

　筆者は 2019 年 7 月 30 日，平田観光株式会社の「竹富島往復乗船券と水牛車コース」を利用した。これは石垣島から竹富島までの往復乗船，竹富港から島内施設までの往復バス送迎，そして水牛車観光をセットにしたコースであり，水牛がゆっくりと牽く車両に乗りながら，また，その御者による解説や民謡をそのつど聴くなどしながら，昔から変わることのない赤瓦の街並みを眺める体験が売りだといえる。当日の朝 9 時の船便で，ユーグレナ石垣港離島ターミナルを出発し，10 分ほどで竹富港へと到着した。さらに平田観光が用意したバスに乗り込み，水牛車の発着地となる島内の施設へと移動した。そしてそこで申し込みを済ませ，しばらく順番を待ってから水牛車へと乗り込んだのである。

　じっさい水牛車に乗っている時間は，ほんの 10 数分ほどだったと記憶している。御者はそのあいだ，水牛車が移動するルート上にあらわれる様々な対象——建物，植物，すれ違う人物など——に適宜言及しながら，旅のナレーターとして旅情を盛り上げていく。そしてある場所にたどりつくと車を止め，三線を奏でつつその土地の民謡を歌いはじめる。御者にとってどこで何を説明したり演じたり，あるいは，どこで何を見せたり聞かせたりするのかは，おそらく，ある程度はプログラム化されていることなのだろう。巧みに水牛を操りつつ，手際よく客を案内していくその様子はとても印象的であった。御者は水牛車を操るだけでなく，解説がうまく，三線がひけて歌をうたえないといけない。つまり，パフォーマーとしての技量がなければ務まらない役目だともいえる。ちなみに筆者の水牛車がツアーを終えて島内施設へと戻るとき，ちょうど後続の車がそこを出発するところであった。同じルートをめぐるそれは，まったく同一のものではないにせよ，別の客を乗せて類似した体験を量産していくのである。ともあれ当該のツアーでは，離島への船移動，島内施設へのバス移動，そして目当ての水牛車による移動が一連の流れをなすかたちで連鎖している。つまり商品としてパッケージ化されたコースにより，時間的＝空間的にいって，旅のルートがリニ

アに整序されている³⁾。そしてその線形的なルートでは，移動の途上で現れる「モノ＝イメージ」，すなわち人物や事物が相互に参照しあいネットワーク化されることで，均質的な水牛車体験をツーリストへ提供するためのコンテクストが形作られているのである。

　ちなみに筆者は水牛車に乗っているあいだ，それとテーマパークにおけるライド型アトラクションとの類似点に想像をめぐらせていた。たとえば USJ における「ジョーズ（JAWS）」のボートライド・アトラクションを考えてみたい。スティーヴン・スピルバーグ監督による同名の映画に依拠したそのアトラクションのなかで，参加者はアミティ島を訪れた観光客としての架空の役割が与えられ，恐怖のツアーを体験することになる。元となる映画は 124 分であるが，そのアトラクションではどれほど長いあいだエントランスで行列に並んだとしても，ライドの時間はほんの数分である。そしてツアーボートがコースどおりに進むにつれて，観客の恐怖心を惹起するサメ——もちろん機械仕掛けである——が視界に入り，それがだんだんと近づいてくる。その後，航行を続けるボートの両脇で，船長とサメとのあいだの駆け引きが展開されるのである。水牛車での体験と同様に，参加者はボートという移動手段を利用しつつ，空間的＝時間的に整序されたコースにそって物語を受容していく（そのアトラクションが提示する物語とは，映画「ジョーズ」の物語から派生したものといえる）。船長は変化する状況に応じて必要な解説や台詞を客たちに発し，また，その目の前で演者としてサメと格闘する。そこで客たちが見たり感じたりすることは，ある程度，映画をもとに人為的に形成されたコンテクストのなかで方向づけられ，誘導されているともいえよう。

　このアトラクションでは，映画のスクリーンをとおして 2 次元

---

3) むろんそのツアーには，みずからの意志で復路の船便を選択でき，そのあいだの自由時間は島内を散策できる余地が与えられているので，完全にリニアというわけでない。

的に表象された登場人物の恐怖を，アトラクションにおける３次元の物理的空間のなかで追体験する仕掛けが用意されている。それによりライドの参加者たちは，まるで物語世界に入り込んだかのように，リアルにデザインされた機械仕掛けのサメを目撃し，近づくそれに恐れおののき，船長との格闘の末それが退治されて安堵するのである。つまりそれは映画というメディアによって生成された体験のイメージを，別の技術的なコンテクストのなかで合成する，いわば「体験創出装置」であるといえる。

　付言しておくと，その「恐怖体験」の提供するコンテクストを形成しているのは，USJ の一角に設けられたアトラクションという物理的な場所，機械仕掛けのサメやツアーボートというモノ，アミティ島の風景を再現するために演出された木や岩や建物，そしてそれを舞台にパフォーマンスする船長や客たちの身体である。そこでは映画「ジョーズ」の世界観に依拠しながら，あるいはそれをテーマとしながら，人物や事物が「モノ＝イメージ」としてネットワークを形成し，それらの集合によって上記のコンテクストが組み上げられているのである。

　もちろん水牛車での体験と，ボートライド・アトラクションでの体験のあいだには明確な差異が存在するとの指摘もありうるかもしれない。上記に挙げた「ジョーズ」のアトラクションには，そのモデルとして同名の映画が存在する。つまりアトラクションのなかで客がボートの脇に出現するサメを発見するとき，それはあの，映画に出てくるサメを指示するものといえる。同様に，アトラクションのなかで客がアミティ島の風景を眺めるとき，それはあの，映画の舞台となった架空の街を指示するものといえる。要するに，ここで記号として視界に入る機械仕掛けのサメ，あるいは張りぼての風景とは，アトラクションのなかで「体験の文脈」を形成するものでありながら，他方では，それぞれが「アトラクションの外部＝映画の内部」にある何かを参照するもの，つまり「モノを参照するモノ」なのである。

水牛車の体験とアトラクションの体験，それらはモデルの有無という点で差異があるようにみえるが，しかし見方を変えれば，アトラクションのみならず水牛車の場合にも，メディアが生成する多様なイメージを媒介している限りにおいて，同様の構図が認められるといえるかもしれない。筆者もじっさいに竹富島へと赴き，そこで水牛車に乗ろうと考えるにいたるまで，それを表象したガイドブック，パンフレット，テレビ番組，YouTube 動画などに触れていた。つまり各種メディアによって表象される水牛車，すなわち「モノ＝イメージ」をモデルとしながら，じっさいのツアーに臨んでいたわけである。そして，水牛車に揺られつつ目の当たりにした様々な「モノ＝イメージ」は，かつて見たメディアのなかのそれを参照しながら，筆者の認識のなかで「体験のコンテクスト」を形作っていたと考えられる。

4　メディアが観光に付与するコンテクスト：
　　YouTube の旅行系コンテンツの視聴体験から

　いま現在，私たちはじっさいに水牛車に乗らずとも，あるいは「ジョーズ」のボートライド・アトラクションに乗らずとも，その体験動画を YouTube で視聴することができる。以下では「観光」と「メディア」との今日的な関係を考察するために，YouTube の旅行系コンテンツを取り上げてみよう。

　動画共有のプラットフォームとして存在感を増しつつある YouTube には，目下のところ，旅／観光を題材とする多種多様な動画コンテンツがアップされている。それらの旅行系コンテンツは特に 2021 年現在，コロナ禍によりステイホームを強いられる旅行好きの人びとにとって，旅を想像する貴重な手段になりえているのではないだろうか。むろん一口に「旅行系コンテンツ」といっても，そこには様々なスタイルやクオリティのものが含まれるので，一括りにすることが難しい領域でもある。1 本の動画をとおして，出発から帰着までの旅路を圧縮して紹介するものもあるし，シリーズと

してまとめられた数本の動画をとおして，出発から帰着までの旅路を分割して紹介するものもある。また，宿泊先となる高級ホテルの「ルームツアー」や，ご当地グルメの飲食体験，もしくは，ある航空会社のファーストクラスの搭乗体験といったものが典型となりうるように，人びとの欲望の対象となりうる「体験」の一断片に絞って作成された動画もある。そもそも1本の動画の長さに注目してみても，数分程度の短いものもあれば，1時間を超える長いものもある。また，コンテンツの質に注目してみても，カメラワークや編集技術などの点で目を見張るレベルのものもあれば，見るに堪えるとは言い難いレベルのものもある。つまり内容と形式の両面において，千差万別，あるいは玉石混交といえるのが実情なのである。

　一概にはいえないことは確かではあるものの，しかし，それらYouTube上の旅行系コンテンツの多くは，旅のプロセス全体，もしくは，その一部を映像として切り取ることにより，「旅の体験」を編集・再構成し，それを視聴者に対して提示し共有させようと試みるものとなっている。それらの動画では旅のプロセスを通じて，旅行系ユーチューバーの周囲に現出する他者や風景，あるいはそれを構成する様々なモノに焦点をあてながら，旅の主体をとりまくコンテクストの映像的な再構成が試みられている。つまり旅先で遭遇する様々なモノ——食べ物，乗り物，ブランド品，ホテルやレストランの内装，そしてそれらに関連する人など——が撮影され，映像のなかで丁寧な解説が加えられるというパターンが頻出するのだ。たとえば，エミレーツ航空 A380 のファーストクラスに搭乗すれば，その CA（＝人物），アメニティや機内食（＝事物）との関係のなかでどのような経験が与えられうるか——これらの旅行系コンテンツは「モノ＝イメージ」のネットワークを描出することで，旅のコンテクストを視聴者へと提示する，いわばイメージの供給源になりえているのである。

　私たちが日常生活において，視界に入る見慣れたモノをまじまじと凝視する経験はあまりないかもしれない。これに対して，上記の

コンテンツ群に包含される「モノへの凝視」という要素は，旅という非日常的な空間を演出するうえで重要や役割を担っている。この種の動画においては，日常生活では触れることのない贅沢な搭乗体験や宿泊体験が「モノへの凝視」を通じて視聴者に伝達される。貴重な食材，高価なアメニティ，珍しい体験で画面を埋め尽くすことにより，旅の非日常的な時空間が表象される。そして視聴者はステイホーム中，日常生活のなかでそれを受容することにより，みずからの将来における旅を妄想し，コンテンツが提示した旅先のコンテクストに身を置きたいと欲望するのである。

　それでは，YouTube の旅行系コンテンツのなかで表象されるモノを，私たちはどのように理解することができるだろうか。それらは総じて，コンテンツの外部へと開かれた記号として位置づけうる。ステイホームを余儀なくされつつ，タブレット端末から YouTube の旅行系コンテンツを視聴する人にとって，旅先の映像に登場する「モノ＝イメージ」は，それらの集合によって織りなされる「旅の文脈」を喚起するものであるといえよう。いま見ている映像に出てくる「モノ＝イメージ」は，いずれ私が旅先で欲望する対象でありうる。つまり旅を欲望するその人物にとって，YouTube における旅行系コンテンツの視聴体験は，それのみで完結するものではない。むしろそれは，その外部世界への参照可能性をつねに随伴するものだといえる。

　記号論の創始者の一人として知られる論理学者・哲学者のＣ・Ｓ・パースによると，人間がある対象を「記号」をとおして解釈するとき，つねに別の記号（解釈項）を必要としていると理解される。軒先でミツバチが飛び交っているのを見たとして，その対象を「ミツバチ」という言葉＝記号によって表現するとしても，その解釈は人によって異なる。ある人はそれを「ハチミツ」という記号をもとに解釈するかもしれないし，別の人はそれを「害虫」という記号をもとに解釈するかもしれない。いずれにせよ，人間はある記号を別の記号と結びつけながら，まるで連想ゲームのように思考を展開し

てくのである。

　パースの思想によれば，記号を他の記号へと関連づけながら思考を展開するたえざるプロセスは「セミオーシス」（記号過程）として指呼される。そして人間とは，記号にもとづく知覚や認知や推論の連続体であると理解されるのである。ともあれこれを踏まえると，前節で論じた「ジョーズ」のアトラクションに登場するサメは，同名の映画に登場するそれを指示する。あるいは本節で論じた動画コンテンツに登場する豪華な機内食は，旅先で欲望されるそれを指示する。これらの事例では，テーマパークのアトラクション，およびYouTube のコンテンツのなかに出現するモノ＝イメージ，すなわち「記号」が，それによって指示される外部のモノ＝イメージ，すなわち「解釈項」と対応しているのである。つまり YouTube が表象するのは，モノを参照するモノのイメージなのだ。

　ともあれ前述のように，もはや「メディア抜きの観光」はありえない。特に若者たちに人気の YouTube は，旅のイメージを供給するための巨大なアーカイブであり，また，「モノ＝イメージ」のネットワークを紡ぎ，「旅の文脈」を想起させる源泉でもある。旅先で見る風景は，かつて YouTube で見た風景でありうる。そしてその風景は，様々なモノ＝イメージの集合によって成立する。そしてそのネットワークを紡ぐものがメディアだといいうる。

5　結びにかえて：メディアが紡ぐ観光空間のインターテクスチュアリティ

　エドゥアルド・コーンは『森は考える──人間的なるものを超えた人類学』と題された書籍のなかで，パースの記号論的視座に依拠しつつ，次のような主張を展開している。

　　記号には生があり，そして全ての自己は，人間であれ非人間であれ，記号論的である。その最小限の語義において，自己とは──いかに束の間のものであったとしても──記号解釈のため

の座なのである。つまり，それに先行する諸記号とも連続する新規の記号（「解釈項」とも呼ばれる […]）を産出する座である。人間であれ非人間であれ，単純なものであれ複雑なものであれ，自己は記号論的過程の中継点である。（コーン 2016：355）

　記号的なイメージを供給する各種のメディア，あるいはそれを支えるデジタルテクノロジーが各所で介在することにより，昨今において，旅の体験を生み出す「コンテクスト」はより錯綜したものになりつつある。実在のモノだけでなくバーチャルなモノがその形成に関与することにより，多種多様な「モノ＝イメージ」が生成し，連結され，消滅し，ふたたび生成していく。そしてそのつど，私たち人間は意識に浮上するそれをセミオーシスのなかで記号的に解釈していくのである。ともあれ，本章では記号の次元，あるいは「モノ＝イメージ」の次元に着眼しつつ，相互参照によりネットワークを形成するそれがいかにして「体験の文脈」を形成しているのかを考察してきた。具体的に第2節の久慈市の事例では，同一の場所に依拠した異なるコンテクストの重層性に目を向けたし，また，第3節の竹富島の事例では，同質的な体験を量産する，空間的＝時間的にみてリニアに整序されたコンテクストに目を向けた。さらに第4節の旅行系コンテンツに関しては，その外部のモノを解釈項として参照するそれが旅をめぐるイメージの源泉として，一定の「旅の文脈」を提供するものになりえている点を指摘した。

　イメージの供給源としてのメディア，あるいはそれを支えるデジタルテクノロジーが多層的＝重層的に関与することにより，現実／虚構，リアル／バーチャル，オンライン／オフライン等をめぐる既存の境界を越えて「モノ＝イメージ」が過剰に氾濫し，旅や観光における「体験の文脈」に干渉していくのである。その記号的な解釈の対象として，インターテクスチュアルともいえる観光空間が現出しつつある今，私たちは自己／他者の体験を解釈する際の前提となる「コンテクスト」のあり方に，よりいっそう目を凝らす必要があ

るのかもしれない。

【引用・参考文献】

エリオット, A. & アーリ, J. ／遠藤英樹［監訳］(2016). 『モバイル・ライブズ──「移動」が社会を変える』ミネルヴァ書房

コーン, E. ／奥野克巳・近藤　宏［監訳］(2016). 『森は考える──人間的なるものを超えた人類学』亜紀書房

山口　誠 (2019). 「メディア──「型通り」のパフォーマンスの快楽」遠藤英樹・橋本和也・神田孝治［編］『現代観光学──ツーリズムから「いま」がみえる』新曜社, pp.95–103.

事項索引

人名索引

執筆者紹介（*は編者）

遠藤 英樹*（えんどう ひでき）
立命館大学 教授
担当：まえがき・Chapter 1

石野 隆美（いしの たかよし）
立教大学大学院 博士課程後期課程
担当：Chapter 2

東 賢太朗（あずま けんたろう）
名古屋大学 准教授
担当：Chapter 3

市野澤 潤平（いちのさわ じゅんぺい）
宮城学院女子大学 教授
担当：Chapter 4

橋本 和也（はしもと かずや）
京都文教大学 名誉教授
担当：Chapter 5

寺岡 伸悟（てらおか しんご）
奈良女子大学 教授
担当：Chapter 6

神田 孝治（かんだ こうじ）
立命館大学 教授
担当：Chapter 7

藤巻 正己（ふじまき まさみ）
立命館大学 名誉教授
担当：Chapter 8

須藤 廣（すどう ひろし）
法政大学 教授
担当：Chapter 9

山本 理佳（やまもと りか）
立命館大学 教授
担当：Chapter 10

安田 慎（やすだ しん）
高崎経済大学 准教授
担当：Chapter 11

堀野 正人（ほりの まさと）
二松学舎大学 教授
担当：Chapter 12

渡部 瑞希（わたなべ みずき）
帝京大学 講師
担当：Chapter 13

松本 健太郎（まつもと けんたろう）
二松学舎大学 教授
担当：Chapter 14

フィールドワークの現代思想
パンデミック以後のフィールドワーカーのために

2022 年 4 月 30 日　　初版第 1 刷発行

　　　　　　　　　編　者　遠藤英樹
　　　　　　　　　発行者　中西　良
　　　　　　　　　発行所　株式会社ナカニシヤ出版
　　　　　　　　　〒606-8161　京都市左京区一乗寺木ノ本町 15 番地
　　　　　　　　　　　　　　Telephone　　075-723-0111
　　　　　　　　　　　　　　Facsimile　　075-723-0095
　　　　　　　Website　http://www.nakanishiya.co.jp/
　　　　　　　Email　iihon-ippai@nakanishiya.co.jp
　　　　　　　　　　　　　郵便振替　01030-0-13128

印刷・製本＝ファインワークス／装幀＝白沢　正